라틴아메리카의 과거청산과 민주주의

중남미지역원
학술총서 **22**

라틴아메리카의
과거청산과 민주주의

과테말라와 엘살바도르의 경험을 통해 본 과거청산과 민주주의

노용석 지음

산지니

2014년, 한국의 정치 지형은 여전히 안갯속을 헤매고 있는 것 같다. 그 흔한 좌우의 이념 대결은 아직까지 진행되고 있고, 또한 저마다 정당성을 가지기 위해 역사와 기억의 정치에서 헤게모니를 구축하려는 쟁탈전이 치열하다. 정치의 본질은 현실에 있다지만, 이보다 더 강력한 명분과 정당성의 발현은 과거에서 오는 것 같다. 2010년 12월 31일, 대한민국에서 실시되었던 과거사 정리를 위한 '1차 실험'이 막을 내렸다. 하지만 지금까지도 그와 연관된 사회적 문제들은 거의 해결된 것이 없는 실정이다. 1991년 '공안정국'에서 '기획'되었던 유서대필 사건은 강기훈이라는 젊은이가 중년이 된 현재까지 진행되고 있으며, 한국전쟁 당시 국민보도연맹으로 학살되었던 이들의 유해도 2014년 현재까지 끊임없이 발굴되고 있다.

과거청산 혹은 과거사정리가 현재의 사회와 문화에 어떠한 영향을 주고 있으며, 또한 이 행위의 본질적 의미는 무엇인가에 대해 연구하고자 했던 필자는 2011년부터 좀 더 확대된 시각을 갖기 위해 라틴아메리카로 눈을 돌리기 시작했다. 한국 사회에서 정처 없이 떠돌고 있는 '과거사의 문제'들이 머나먼 라틴아메리카에서는 어떻게 해결되고 마무리되고 있는가의 희망을 보고 싶어서였다.

가장 먼저 내가 라틴아메리카에 대해 관심을 가졌던 시기는 아마 2008년이었을 것이다. 당시 나는 진실화해를 위한 과거사정리위원회에서 한국전쟁기에 무고하게 학살당한 민간인들의 유해를 발굴하는 일을 담당하고 있었다. 한국전쟁 당시 대한민국 국군 혹은 경찰, 미군에 의해 학살당한 채 수습되지 못한 민간인의 유해는 일반인들이 짐작하는 수준 이상으로 많이 분포되어 있었다. 2005년부터 2010년까지 한시적으로 운영되었던 과거사정리위원회에서 이 모든 유해를 발굴하는 것은 처음부터 불가능한 일이었을지도 모른다. 또한 한국에서 과거사정리위원회를 출범하게 한 '진실화해를 위한 과거사정리기본법'(법률 제7542호)에는 사건의 진실규명 조사와 관련한 내용은 포함되어 있었으나, 사라진 이들의 유해를 발굴하고 이를 안장하는 일은 포함되어 있지 않았다. 먼저 민간인들에 대한 학살이 실제 존재하였는가를 조사하고, 이후에 이들의 유해를 처리하자는 취지였다. 하지만 한국의 과거사정리는 '이후'를 결국 기약할 수 없었다. 2010년 위원회가 활동을 종료했기 때문이다.

이러한 상황에서 유해 발굴을 담당하면서 스스로가 생각한 것은 어떻게 하면 한정된 시간 내에 보다 효과적인 발굴을 실시할 수 있는가였다. 그러기 위해서는 유해 발굴에 대한 많은 선행사례가 필요했으며, 이를 위해서는 한국 이외 다른 나라의 비슷한 사례를 찾아 도움을 얻어야만 했다. 이때부터 전 세계에서 과거청산이 발생하였던 곳을 중심으로 유해 발굴이 어떻게 행해졌는지, 이에 대한 자세한 기록이 남아 있는지에 대해 조사하기 시작하였다. 남아프리카 공화국, 베트남, 캄보디아, (구)유고, 르완다…… 이 모든 나라들이 당시 내가 자료를 뒤지며 조사를 하던 곳이었다. 그러던 중 특히 내 눈을 사로잡는 나라가 있었다. 바로 아르헨티나였다. 1976년부터 시작된 군사독재정권의 '더러운 전쟁'은 아르헨티나 내부에서 수만 명의 실종자를 양산하였고, 이에 대한 진실을 밝히기 위해 과거청산이 실시되었으며, 또한 오월광장 어머니회와 같은 유족 모임이 결성되어 있다는 것은 이미 알고 있던 사실이었다. 하지만 아르헨티나에 전문적으로 실종자의 유해를 찾아 발굴하는 전문 발굴기관(EAAF)이 존재하고 있으며, 이 팀이 '더러운 전쟁'이 종식된 지 30여 년이 지난 지금까지 실종자들의 유해를 수습해 그 가족들에게 돌려주고 있다는 것은 처음 알게 된 사실이었다. 이후 이러한 유해 발굴기관이 아르헨티나뿐만 아니라 페루, 과테말라 등지에도 설립되어 있다는 사실은 좀 더 많은 충격을 주었다.

그 당시 나에게 다가온 라틴아메리카는 더 이상 저개발과 독재정권의 패러다임 속에 갇혀 있던 낙후된 곳이 아니었다. 이곳은 과거의 상처를 치유해 나가는 과정에서 미래의 희망을 개척하는 곳으로 보였다. 이때부터 나는 본격적으로 라틴아메리카에 대해 관심을 기울이기 시작했으며, 이 여정은 현재 이 책을 통해 첫 경유지에 도달한 것으로 보인다.

이렇듯 무궁한 희망을 안은 채 2012년부터 라틴아메리카 현지에 직접 가서 조사를 해본 결과, 실제 나 자신이 느낀 라틴아메리카의 과거청산은 한국과 비교해 확연히 앞서 나간다는 느낌은 받을 수 없었다. 그곳에서도 한국과 마찬가지로 정치와 권력의 테두리 속에 과거사 문제는 갇혀 있었으며, 심지어 심대한 도전을 받고 있는 사례도 목격할 수 있었다. 그러나 약간의 실망감을 뒤로한 채, 라틴아메리카에서 과거청산을 풀어가는 주요 과정 중에서 가장 주목할 수 있었던 것은 그곳에서 과거사정리가 단순히 과거의 문제로만 치부되는 것이 아니라 현재 민주주의를 가늠할 수 있는 척도로 여겨진다는 차이점이었다. 즉 라틴아메리카의 많은 국가들은 과거사를 '지나간 일'로 치부하는 것이 아니라 현재 자신들이 살아가고 있는 사회의 정치현실로 받아들인다는 것이다. 어쩌면 너무나 당연한 논리이고 이치이겠지만, 현실적으로 한국 사회에서는 잘 용인되지 않고 있는 일들이다.

이 책에 소개되는 라틴아메리카의 과거청산 사례들은 주로 냉전 시기 수많은 민간인 학살이 자행되었던 과테말라와 엘살바도르 등 중미지역(Central America) 국가에 대한 것들이다. 이 사례들만 이용해 라틴아메리카의 전반적인 과거청산 경향을 보는 것은 다소 무리가 있을 것이다. 하지만 이 기획은 동일한 라틴아메리카에 위치하면서도 상대적으로 관심이 집중되지 않았던 중미 지역의 사례들을 집중적으로 소개하면서 향후 보다 일반적인 라틴아메리카의 경향들을 정리하고자 하는 과정에서 시작된 것이다. 중미 지역은 스페인 식민시기부터 시작해 근대국민국가 수립, 그리고 냉전의 소용돌이를 겪는 동안 단 한 시기도 '바람 잘 날' 없던 곳이었다. 이 지역은 라틴아메리카 지역 내에서도 정치 사회적으로 마이너리티에 속하였지만, 국제적 분쟁과 이권 다툼이 벌어질 때면 항상 중심부에 서 있었다. 이 과정에서 중미 국가의 많은 민중들은 권력 쟁탈과 분쟁의 희생양이 되어야 했으며, 특히 과테말라와 엘살바도르의 경우 수십 년간의 내전을 거치며 민주주의의 토대가 무너져버렸다. 이 책에서 설명하고자 하는 것은 과테말라와 엘살바도르에서 무너져 내린 민주주의를 복원하기 위해 과거청산이 어떠한 모습으로 나타나고 있는가이다.

나는 위의 사항들을 체크하기 위해 2012년과 2013년, 2014년 과테말라와 엘살바도르를 방문하였다. 우선 2012년 엘살바도르 방문 시에는 단일 지역 내 라틴아메리카 최대 민간인 학살이 자행되었던 엘모소떼 지역을 방문하였다. 이곳은 현재 유해 발굴과 기념화 작업이 진행되어 많은 사람들이 찾고 있는 일종의 '유적지'가 되어 있었다. 나는 여기서 과거청산 과정에서 가장 후반부에 펼쳐지는 기념 및 위령화 사업이 어떻게 진행되었는가를 직접 목격할 수 있었다. 이 책의 제2장과 제3장은 엘살바도르의 과거청산이 가지는 특징과 엘모소떼 학살이 일어난 배경 및 기념화 과정에 대해 다루고 있다. 엘살바도르에 대한 답사가 조금 온화한 측면에서 진행되었다면, 과테말라에 대한 답사는 좀 더 치열하게 이루어졌다. 과테말라는 엘살바도르에 비해 내전 종식이 뒤늦게 이루어졌고, 이에 아직까지도 독재정권 당시의 과거청산에 대한 열기가 뜨겁다. 1983년 대통령을 역임하며 수십만 명의 마야 원주민을 학살한 혐의로 재판이 진행 중인 리오스 몬트 사례만 보더라도, 이와 같은 열기는 피부로 느낄 수 있다. 하지만 과테말라의 이와 같은 과거청산 열기는 정부의 주도하에 이루어지고 있기보다는 시민사회 단체의 끊임없는 노력에 의해 이루어지고 있는 것이 사실이다. 그러므로 나는 이 열기를 직접 느끼기 위해 2012년과 2013년, 두 해에 걸쳐 과테말라의 과거청산을 담당하고 있는 FAFG(Fundación de Antropología Forense de Guatemala, 과테말라 유해 발굴 기관), ECAP(Equipo de Estudios Comunitarios y Ación Psicosocial), GAM(Grupo de Apoyo Mutuo), FAMDEGUA(Asociación de Familiares de Detenidos-Desaparecidos de Guatemala), CALDH(Centro para la Acción Legal en Derechos Humanos) 등의 단체를 찾아다니며, 이 단체들이 구체적으로 어떠한 과거청산 활동을 펼치고 있는가에 대해 조사하였다. 이 책의 제4장과 제5장은 이러한 조사 결과들을 묶어 집필한 내용들이다.

이 책은 범라틴아메리카적 과거청산의 특징을 분석하기 위한 작은 출발일 뿐이다. 사실 자료를 모으는 과정에서 라틴아메리카 대부분의 국가가 과거청산을 진행하였으므로 수많은 자료를 어떻게 모으고 정리할지에 대해 회의감이 든 적도 있다. 하지만 이렇듯 작은 발걸음이 모여 종국에는 커다란 결실로 다가올 수 있을 것이라는 믿음을 가지고, 이 책의 본문을 시작하고자 한다.

2014년 4월
노용석

| 목차 |

1

과거청산과 라틴아메리카

과테말라의 시민사회 단체인 FAMDEGUA의 사무실에 걸려 있는
학살 책임자에 대한 처벌 요구 포스터

'청산'이라는 말 자체는 상당히 격한 어감을 가진 것이 사실이다. 청산의 사전적 의미는 '과거의 부정적 요소를 깨끗이 씻어버림'이라는 의미를 가지고 있다. 또한 청산은 일반적으로 과거시제와 결부되어 사용하는 경우가 많다. 하지만 과거청산의 본질적 의미는 과거에만 국한되어 있는 것이 아니라 현재와 미래 모두를 포함하고 있는 것이 사실이다. 이 장에서는 과거청산의 의미를 분석해봄과 동시에, 이것이 라틴아메리카에서 어떤 역할을 하고 있는가에 대해 서술하고자 한다.

1) 과거청산이란 무엇인가?

과거청산 혹은 '과거청산'(transitional justice)[1]이란 과거 특정 국가 정치체제 혹은 전쟁하에서 저질러진 잔혹 행위 및 인권유린들을 새로운 체제 하에서 어떻게 청산해야 하는가의 문제를 말한다(이재승 2002: 47, Roht-

---

1) '과거청산'과 관련하여서는 이재승(2002: 47-74), Naomi Roht-Arriaza & Javier Mariezcurrena(2006: 1-17), Jon Elster(2004: 1-3), Ruti G. Teitel(2000: 3-9)의 연구를 참조하였음. 과거청산은 과거 특정체제 즉, 군사정권 및 독재시기의 아픈 과거를 진실규명하여 피해자 및 가해자에 대해 적절한 조치를 취하고, 과거의 비극이 다시 발생하지 않도록 법률을 제정하거나 위령 사업 등을 실시하는 것을 말한다. 이 용어는 주로 서구 및 남미, 아프리카 등지의 국가들이 행한 '과거청산'을 가리키며, 한국에서 일반적으로 사용하는 '과거청산'(purge of the past)이라는 단어와 의미에 있어서 큰 차이를 보이지 않는다.

Arriaza, N., 2006: 1).[2] 20세기 이후 전 세계 곳곳에서 발생한 전쟁과 폭력, 지역분쟁, 독재국가의 출현, 인종분쟁 등은 근본적으로 민주주의와 인권을 가로막는 거대한 장애물이 되었다. 이러한 분쟁들은 단순히 정치적 목적을 달성하는 것에 그치지 않고 정치적 탄압과 고문, 불법 감금, 대규모 민간인 학살, 테러 및 암살 등의 잔혹행위를 통해 심각한 인권유린을 불러일으켰다. 이에 독재 및 권위주의 정권을 겪었던 많은 국가에서는 정권이 교체된 후 당시의 국가폭력이나 인권유린에 대한 책임을 묻고 다시는 이러한 상황이 발생하지 않도록 하기 위해 과거청산을 실시하였다. 그러므로 과거청산의 범주는 단순히 폭력 가해자에 대한 처벌 및 피해자 배상이라는 회복적인 측면을 떠나 인권유린 등에 대한 재

---

2) 한국은 2005년 12월 '진실화해를 위한 과거사정리위원회'(Truth and Reconciliation Commission, Republic of Korea)를 설립하여 본격적인 과거청산을 실시하였다(2010년 12월 활동 종료). 이 기구에서 실시한 과거청산의 주요 대상은 '한국전쟁 시기 불법적 민간인 학살'과 '권위주의 정권하 인권침해 조사'가 주류를 이루었으며, 이 외에도 '친일반민족행위 진상규명위원회' 등이 별도로 설치되어 '친일 부역행위자 색출' 등을 실시하였다. 이러한 과정은 타 국가에서 진행되고 있는 과거청산과 거의 동일한 목표를 가지고 있었으며, 실제로 남아프리카 공화국 및 라틴아메리카 과거청산 사례 등을 거울삼아 조직을 운영하였다. 하지만 한국은 위와 같은 과정을 진행하면서도 과거청산과 같이 전 세계에서 광범위하게 사용하는 용어 대신 '과거청산'이라는 용어를 사용하였다. 한국의 진실화해위원회 영문보고서의 glossary에는 과거청산의 영문명을 'setting the past', 'dealing with the past', 'liquidation of past wrongdoings' 등으로 표기하고 있다(Truth and Reconciliation Commission, Republic of Korea 2009, 214). 이와 같은 용어의 선정은 공식적으로 표명한 바 없지만 몇 가지 이유를 내포하고 있는데, 가장 중요한 이유로는 한국의 정치적 상황이 과거청산을 실시한 타국과 비교해볼 때 명확한 이행시점(transition point)을 지적하기 힘들었기 때문이다. 물론 평화적 정권교체를 수행한 김대중 및 노무현 정권의 집권을 이행시점이라고 볼 수는 있겠지만, 2005년까지도 한반도는 남북이 분단된 냉전지역이었고 과거청산의 주요 대상이었던 한국전쟁 전후 민간인학살과 같은 분야는 그와 같은 상황에서 종결적인 과거청산을 이루기 힘들었기 때문이다. 이와 같은 이행시점의 여부는 엘살바도르 사례에서도 동일하게 적용할 수 있는데, 좀 더 본격적인 논의는 본 논문의 4장에서 진행하고자 한다.

발 방지 교육과 더불어 기념관, 박물관 등의 건립과 같은 위령사업의 실시, 억압적 통제기구였던 경찰 및 법원의 구조조정, 희생자 및 가족들에 대한 배보상 문제 등을 포괄적으로 포함하고 있다.

과거청산이 실시되는 공간의 범위는 개인 및 가족으로부터 시작해 공동체, 지역, 나아가 국가 및 초국가에 이르기까지 다양하게 나타날 수 있다. 하지만 대부분의 과거청산 대상이 국가폭력 및 인종 학살 등에 해당하므로 청산의 주체 역시 국가에 의한 경우가 다수를 이루고 있다. 초국가적 과거청산의 대표적 유형으로는 제2차 세계대전 이후 나치 독일 전범과 유대인 학살 관여자에 대해 실시된 '뉘른베르크 재판'(Nuremberg Trials)을 꼽을 수 있다. 또한 학살 및 실종, 독재정치로 인한 인권유린 등에 대해 국가적 차원에서 과거청산을 실시한 대표적 경우는 남아프리카공화국, 스페인, 아르헨티나, 칠레, 르완다, 한국 등이 포함된다. 그리고 드물지만 지역공동체 내부에서 발생한 폭력 및 학살을 자체적으로 청산하고자 시도한 경우도 있다.

전 세계적으로 과거청산에는 다양한 방법들이 활용되고 있으나, 그중 가장 대표적인 것은 (군사)독재정권 혹은 전체주의 정권이 몰락한 이후 '특별법정'(special court)과 같은 기구를 설치하여 반인륜적 범죄 행위 및 국가범죄, 잔혹행위를 조사하는 것이다. 특별법정의 설치는 해당 국가에서 독자적으로 실시하기도 하지만 민주화 이행 과정에 있는 국가들이 자력으로 법정을 만들지 못할 경우 국제법정이 설립되기도 한다. 특별법정의 대표적인 사례는 위에서 언급한 '뉘른베르크 재판'을 비롯하여 보스니아 내전 당시 옛 유고 연방에서 자행된 학살, 고문, 강간 등을 조사하기 위해 설립된 ICTY(International Criminal Tribunal for the Former Yugoslavia, 1993년 설립), 캄보디아 킬링필드(Killing Field) 학살 주역 5인에 대해 재판을 진행하고 있는 ECCC(Extraordinary Chambers in the Courts of

Cambodia) 등을 들 수 있다. 특별법정을 제외한 과거청산의 또 다른 주요 방법으로는 '진실위원회'(Truth Commission)를 설치하여 주요 사건에 대한 조사를 진행하는 것이다. 진실위원회는 라틴 아메리카의 아르헨티나와 칠레, 파라과이, 볼리비아, 우루과이, 엘살바도르와 남아프리카 공화국, 시에라리온, 필리핀, 르완다, 동티모르, 한국 등에서 운용된 바 있다.

이처럼 과거청산의 규모와 방법은 사회적 환경에 따라 다양하게 나타날 수 있지만, 주요 로드맵은 일정한 유형을 가지고 있다. 일반적인 과거청산의 주요 로드맵으로는 '진상규명', '가해자 처벌', '피해자 배·보상', '화해와 역사화'와 같은 네 가지 요소를 들 수 있다(진실화해위원회·공주대학교 2009: 13). 우선 과거청산의 1차적 목표는 국가가 과거 '참혹한 사건'의 진실을 규명하여 가해자를 처벌하고 피해자 및 그 가족들에게 배상[3]하는 것이라 할 수 있다. 이 과정은 상당히 정치적이며 현실적 선택이 중요하다. 예를 들어 진실규명 이후 가해자에 대한 처벌수위의 결정과 피해자 및 유가족에 대한 배·보상 등의 문제는 그 사회가 처해 있는 정치적 방향과 선택에 따라 정해질 가능성이 많다.[4] 또한 이 과정은 모든 과정이 법률적 근거에 의해 실시되므로 과거청산의 본질이 상당히 정치적이고 법률적이라는 인식을 갖게 한다.

그러나 과거청산의 본질은 배상의 근본적 성격을 고려한다면 상당

---

3) 일반적으로 '보상'은 국가가 적법한 행위로 국민에게 재산상의 손실을 주었을 때 그것을 갚아주는 행위를 말하고, '배상'은 위법하게 타인의 권리를 침해한 이가 그 손해를 물어주는 것을 말한다(임상혁 2009: 27).

4) 뉘른베르크 재판 이후 1급 전범으로 기소된 11명은 사형되었다. 하지만 모든 국가의 과거청산에서 가해자 처벌이 이렇듯 신속하게 진행된 경우는 드물었다. 예를 들어 아르헨티나의 경우 1983년 라울 알폰신 대통령이 과거 군부독재 기간(1976~1982)에 대한 청산 의지를 가지고 있었으나, 결국 1989년과 1991년에 실시된 메넴 대통령의 대사면으로 거물급 가해자들 대부분은 처벌을 피할 수 있었다.

히 다른 측면으로 인식될 수 있다. 피해자를 위한 배상 방식에는 원상회복(restitution), 금전배상(compensation), 사회복귀(rehabilitation), 만족(satisfaction), 재발방지의 보증(guarantees of non-repetition)과 같은 것들이 있는데(진실화해위원회·공주대학교 2009: 10), 이 중 가장 좋은 배상 방식으로는 원상회복을 들 수 있다.[5] 이것은 모든 피해 대상의 모습을 폭력 이전의 상태로 되돌려놓는 것을 말한다. 하지만 대다수 과거청산 사건들은 피해자들이 사망하거나 치명적 상해를 당해 실질적인 원상회복이 불가능한 경우가 많으며, 민간인 학살의 경우는 더욱 그러하다. 그러므로 국가는 진실규명과 유가족 배·보상 이외에도 억울한 죽음을 당한 희생자들의 원혼을 위로하고, 이들의 영적 존재에 상징적인 원상회복을 이루기 위해 각종 의례를 배치하는 경우가 많다. 이것은 국가폭력에 의해 발생한 원혼을 국가의례 차원의 '제사'를 통해 위로함을 의미하며, 이러한 일련의 행위를 흔히 '기념 혹은 위령'(commemorative and consolation)이라고 한다. 테이텔(Teitel, Ruti G)은 위와 같은 과정을 모두 5개의 과거청산 분야로 나누고 있는데, 그것은 각기 'Criminal Justice', 'Historical Justice', 'Reparatory Justice', 'Administrative Justice', 'Constitutional Justice'이다(Teitel, 2000). 각각의 범주는 과거청산 과정 중 어떤 전략목표에 집중하는가에 따라 특성이 결정되는 것으로서, 과거청산 과정에서 다루어져야 할 다양한 목표 범주를 보여주고 있다.

---

5) 원상회복(restitution)은 피해자의 상태를 국가범죄가 발생하기 이전으로 되돌려놓는 것을 말한다. 금전배상(compensation)은 원상회복이 불가능할 경우 이루어지며, 사회복귀(rehabilitation)는 피해자들의 트라우마를 치료하기 위한 의료적 치료, 심리적 치료, 법률적 서비스 및 사회적 서비스를 말한다. 또한 만족(satisfaction)은 희생자들이 피해회복과 관련하여 안도감과 만족을 느낄 수 있는 정부의 다양한 조치를 말하며, 재발방지의 보증(guarantees of non-repetition)은 국가범죄가 다시 일어나지 않기 위한 군대 및 법 절차 등에 대한 통제장치를 확보하는 것이다.

<표 1> 과거청산 구현 프로세스

구분	전략실행 방법	내용
진실규명 (과거)	• 특별법정(special court) 설립 - 뉘른베르그 국제전범재판 등 사례 • 진실위원회(truth commission) 설립 - 아르헨티나, 엘살바도르, 남아공 등 사례 • 해당 국가의 국내법을 적용한 재판 • 청문회 등을 통한 진실 고백	• 과거 독재정권하 자행되었던 인권침해 및 국가폭력에 대한 진실을 규명하기 위한 기구 및 제도의 구성
처벌 (과거)	• 주요 가해자 검찰 기소 후 구금 및 구속	• 사법적 정의 실현을 위한 인권침해 가해자에 대한 처벌
배/보상 (과거 및 미래)	• 국가배상 프로그램 법률 마련 • 법률에 근거한 국가배보상위원회 설치 • 피해자 및 가족에 대한 배/보상 및 복권, (원상)회복 실시	• 과거 독재정권하 인권침해 희생자들의 인간존엄성 및 고통, 손해 등을 회복하기 위한 조치
화해/위령 (과거 및 미래)	• 재발방지를 위한 법/제도적 개선 • 희생자 추모를 위한 위령비 및 박물관 등 건립 • 역사화를 위한 각종 노력	• 재발방지를 위한 사회구조의 개혁 및 위령, 화해 사업의 실시

과거청산 프로그램이 가동되기 위한 필요조건은 실로 다양하다. 하지만 현재 관점에서 과거사건을 들추어내 정리하고자 할 때는 반드시 과거의 특이한 사건과 연관성을 가지게 되며, 또한 이 사건의 대부분은 주로 과거의 '비참한 죽음'(tragic death)과 이의 배경이 된 시스템과 긴밀한 연관성을 가지고 있다. '비참한 죽음'은 인류학에서 다양한 의미로 해석될 수 있지만, 과거청산과 연관된 사례는 주로 '제노사이드'(genocide)와 '대학살'(massacre)이라 할 수 있다. 제노사이드와 대학살은 표면적으로 '대량학살'이라는 부분에서 동질성을 가지지만, 세부적으로 보자면 제노사이드가 특정 범주에 속한 집단의 절멸을 목적으로 두는 데 비해 대학살은 전쟁 과정에서 발생한 광범위한 범주의 집단 죽음까지 포함한

다는 측면에서 차이점을 보이고 있다.

지금까지 서구에서 과거청산에 대한 연구는 전쟁과 연관된 제노사이드와 같은 현상에 집중되어 있었다. 예를 들어 서구 사회에서는 제2차 세계대전 중 발생한 홀로코스트(Holocaust)나 르완다의 인종분쟁에서 일어난 대학살, 남아프리카공화국의 인종차별 분쟁 등을 주요한 제노사이드 사례로 연구하였다. 이 사례들은 공통적으로 민족(national)과 종족(ethnic), 인종(racial), 종교집단(religious group) 등의 범주에 가해진 폭력행위들이며, 해당 범주들의 절멸을 목표로 하고 있었다. 1948년 유엔 총회에서는 제2차 세계대전 당시 유대인 학살을 교훈삼아 다시는 이러한 일들이 인류에게 발생하지 않도록 하기 위해 '제노사이드 범죄의 처벌과 방지에 관한 조약'이 체결되었다. 여기서 '제노사이드'의 범주는 사람 혹은 사물에 대한 직접적인 파괴행위뿐만 아니라 이를 가능하게 하는 모든 주위의 행위들을 포함하는 것으로서, 세부적으로는 a) 집단 구성원의 살해 b) 집단 구성원의 신체 혹은 정신에 가해지는 위협 행위 c) 어떤 집단의 삶에 전체 혹은 부분적으로 신체적 파괴를 가하는 행위 d) 어떤 집단의 출산을 고의적으로 막기 위한 행위 e) 한 집단의 어린이를 강제적으로 다른 집단으로 보내는 행위 등이 포함되어 있다(Shaw 2003: 34-35).[6]

2) 라틴아메리카의 과거청산

라틴아메리카에서 진행된 광범위한 과거청산의 원인은 서구 사회에서 주목한 제노사이드 사례와 비교해 약간의 상이성을 가지고 있다. 라틴아메리카는 20세기 이후부터 전 세계에서 가장 많은 군사쿠데타와

---

6) 제노사이드에 대한 구체적 논의는 이 책의 제5장에서 본격적으로 다루고 있다.

독재정권이 출현한 곳이자 가장 많은 진실위원회가 가동된 곳이기도 하다. 이러한 이유는 제2차 세계대전 이후 라틴아메리카에서 발생한 '미국'과 '냉전'(cold war), '군부독재'라는 주요 키워드를 생략한 채 설명할 수 없다.

이 세 가지 요소는 라틴아메리카 과두집단의 이해와 결합되어 헌정질서를 파괴하고 빈부격차를 심화시켰으며 사회를 암흑의 시대로 몰아갔다. 또한 정치적 종속성과 독재정권의 출현은 필연적으로 국가폭력과 인권침해를 수반하는데, 라틴아메리카에서는 주로 민간인 및 좌익인사들에 대한 강제실종과 암살, 대량학살, 인권침해들이 주를 이루었다. 수십 년간 반복된 위와 같은 사회 패턴은 설령 민주정부가 들어섰다 할지라도 과거에 대한 적절한 조치를 취하지 않고서는 발전된 미래를 보장할 수 없게 만들었다. 일부 학자들은 이와 같은 라틴아메리카의 과거청산 과정이 서구 사회에서 주요 관심사로 대두되었던 제노사이드 사례와 비교해 독특한 특징을 가지고 있으며, 이에 대한 구체적 연구가 필요함을 강조하고 있다(Esparza 2010: 1-10).

라틴아메리카 국가의 과거청산 과정에 공통성은 있으나, 그렇다고 모든 국가의 양상이 천편일률적인 것은 아니다. 라틴아메리카 주요 국가의 과거청산 경향을 타국과 비교해보면 다음의 그림과 같다고 할 수 있다.

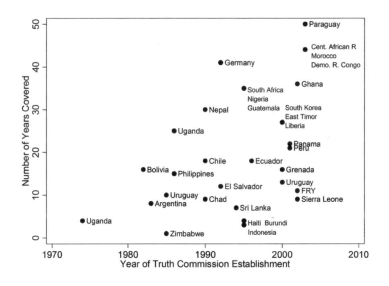

〈그림 1〉 전 세계 진실위원회 설치 동향[7]

① 아르헨티나

아르헨티나 과거청산은 1976년부터 1983년까지 아르헨티나 전역을
공포에 떨게 했던 군사통치위원회(Junta Militar)의 폭정으로부터 시작한
다. 물론 아르헨티나는 이전에도 수많은 군사쿠데타와 독재정권을 경
험하였지만, 1976년 군사쿠데타를 통해 이사벨 페론(Isabel Perón) 대통령
을 몰아내고 정권을 장악한 군부는 1983년까지 10,000여 명의 실종자
(desaparecidos)를 양산하며 소위 '더러운 전쟁'(dirty war)을 수행하는 과정에
서 가공할 만한 국가폭력을 자행하였다. 당시 실종된 이들의 대부분은
진보적 사상을 가진 이들이었지만 이들 이외에도 상당수의 무고한 민

---

7) 출처: http://www98.griffith.edu.au/dspace/bitstream/handle/10072/34080/64230_1.
pdf?sequence=1. 전 세계의 과거청산은 주로 진실위원회(Truth Commission) 운영을
통해 이루어지므로, 진실위원회 설치 경향이 곧 과거청산의 추세를 말하는 것이다.

간인이 포함되어 있었다.

하지만 '더러운 전쟁'의 군부는 1982년 말비나스 전쟁의 패배 이후 심각한 위기에 봉착하게 되고, 마침내 1983년 군사독재 정권을 몰아내고 민선 알폰신(Raúl Alfonsín) 정권이 들어오게 되었다. 1984년, 알폰신 정권은 '더러운 전쟁' 당시 수행되었던 수많은 인권침해와 실종자 문제를 해결하기 위해 '실종자 진상조사 국가위원회'(Comisión Nacional sobre la Desaparición de Personas)를 구성하여 본격적인 과거청산을 실시하고자 하였다. 하지만 군부 내 남아 있던 가해자들과 보수 세력은 과거청산의 불필요성을 끊임없이 제기하였고, 결국 '기소종결법'[8](법령 23,492호)과 '강요에 따른 복종법'[9](법령 23,521호) 등과 같은 사면법을 제정하여 많은 가해자들을 사면해주었다. 또한 알폰신 이후 대통령에 오른 카를로스 메넴(Carlos Saúl Menem) 역시 1989년과 1991년에 대사면을 실시하여 대부분의 '더러운 전쟁' 관련자들을 사면해주었다. 이러한 '침묵과 망각의 협정'은 2003년 5월 키르츠네르(Néstor Carlos Kirchner) 대통령이 취임한 후 '기소종결법'과 '강요에 따른 복종법', 그리고 메넴 시절의 대사면령을 무효화하는 시도가 진행되면서 새로운 국면을 맞게 되었다(박구병 2005: 65-75). 결국 2005년 6월 아르헨티나 대법원은 1986년의 '기소종결법'을 무효화하고 국가에 의한 반인도적 범죄에 대해서는 공소시효가 없다는 역사적인 판결을 내렸다. 또한 2005년 10월 연방검찰은 인권유린 가해자 295명 등 460여 명 이상을 구속 수감하고 추가로 762명에 대한 체포영장을 신청하기도 하였다. 또한 라틴아메리카 국가에서 과거청산 과정

---

8) 1986년 제정된 법으로서, 60일 이내에 모든 군정 관련자들에 대한 모든 기소를 마무리한다는 법안이다.
9) 1987년 제정된 법으로서, '더러운 전쟁'시기 중하급 장교들은 단지 명령에 따랐을 뿐이므로, 기소에서 제외한다는 법안이다.

중 가장 먼저 피해자 유해 발굴을 실시하였던 아르헨티나는 EAAF라는 전문 기관을 중심으로 현재까지도 활발하게 유해 발굴을 진행하고 있으며, '오월광장 어머니회'로 대표되는 시민사회 역시 미흡한 과거청산의 종결을 강력히 주장하고 있다.

② 우루과이

우루과이는 1960년대 들어 빈부격차의 증가와 경제위기가 가중되면서 정치적인 불안정이 확대되기 시작하였다. 이러한 사회적 불안정은 우루과이 사회당원 출신의 라울 센디꼬(Raúl Sendico) 등이 주축이 된 뚜빠마로스(Mouvement de Libération Nationale-Tupamaros, 이하 MLN-T)와 같은 무장 도시 게릴라 집단의 등장을 야기하였고, 이후 우루과이 사회는 마치 내전을 방불케 하는 극심한 사회대립 양상을 보이게 되었다. 1972년 마리아 보르다베리(Juan María Bordaberry) 대통령은 이 같은 사회 불안정을 '내전 상황'(state of internal warfare)으로 규정하고, 뚜빠마로스 및 정치적 반대세력을 제거하기 위해 군부의 역량을 강화하는 데 역점을 두었다. 결국 1973년, 우루과이 사회에서 가장 핵심적 세력이었던 군부는 정치문제에 개입하면서 쿠데타를 일으켜 4명의 군인과 2명의 민간인으로 구성된 '국가안보평의회'(Ocsena)를 설립하여 권력을 장악하였다. 이후 군부는 1984년 11월 대통령 선거에서 꼴로라도 당의 마리아 상기네띠(Julio María Sanguinetti)가 당선되어 군정을 종식하기까지 11년 동안 집권하면서, 수많은 인권침해와 국가폭력을 자행하였다. 우루과이 독재정권은 1970년대 초반 MLN-T가 괴멸한 이후에도 탄압을 중지하지 않았는데, 이후 탄압의 주요 대상들은 정부의 정책에 비판적인 노동조합원이나 기자, 정당 정치인들로 대체되었다. 특히 이 시기는 꼬노 수르 국가 사이에서 콘도르 작전(Operación Condor)이 진행되는 시기여서, 피해자의 양산은 더욱 늘

어날 수밖에 없었다.[10]

　위와 같은 국가폭력에 대한 본격적인 조사는 1985년부터 시작되었다. 1985년 의회의 결정으로 실종자 조사위원회를 설치하였다. 위원회는 7개월의 조사기간을 가졌으며 우루과이 국가보안기구의 개입 증거를 포함하여 164건의 실종 사건을 의회에 보고하고 대법원에 송치했다. 그러나 제한된 권한으로 인하여 불법구금, 고문 등에 대해서 조사하지 못했고, 실종 사건을 조사하기는 했으나 최소한에 그쳤다. 또한 당시 우루과이 대통령은 과거 인권침해 조사에 대하여 반대하는 입장이었으며 위원회 보고서에 크게 불만을 표시했다. 위원회 보고서는 공개되었으나 일반인들에게 광범위하게 전달되지는 않았고, 우루과이 국내외에서 이 보고서에 대한 인지도도 매우 낮았다(Hayner, Priscilla B. 2002: 53-54).

　이렇듯 미흡했던 우루과이의 과거청산은 2000년대에 접어들어 다시 활기를 띠기 시작했다. 2000년 8월 9일, 호르헤 바뜨예(Jorge Batlle) 대통령은 결의안 '858/2000'를 발의해 1973년부터 1985년까지 우루과이에서 발생하였던 국가폭력을 조사하기 위한 '우루과이 진실위원회'(Comisión para la paz)를 구성하였다. 위원회의 구성은 몬떼비데오 주교인 니꼴라스 꼬뚜그노(Nicolás Cotugno)가 위원장에 임명된 것을 비롯해 모두 6인의 위원으로 구성되었으며, 2002년 8월 30일까지 총 120일 동안 가동되었다. 이들의 목적은 과거 군부독재 기간 중 발생한 실종과 인권

---

10) 우루과이에서 탄압이 심해지자 많은 이들은 인접국인 칠레나 아르헨티나 등으로 탈출을 감행하였다. 하지만 당시 콘도르 작전으로 인해 꼬노 수르 국가들 사이 비밀정보국의 공조 수사 및 검거가 이루어짐으로써, 많은 이들이 아르헨티나와 칠레, 파라과이, 브라질, 콜롬비아, 볼리비아 등지에서 살해되거나 구속되었다. 2003년 발표된 우루과이 진실위원회의 발표에 의하면, 1973년부터 1985년까지 55명의 우루과이인들이 아르헨티나의 비밀구금소에 감금되어 실종되었고, 파라과이에서도 2명이 구금된 후 실종된 것을 확인할 수 있다.

침해 사건 등을 조사하는 것으로서, 우루과이에서 발생한 실종자 문제와 아르헨티나 등지의 외국에서 발생한 우루과이인 실종자 문제, 어린이 실종자 문제, 우루과이 해안에서 발견된 변사체 사건 등을 집중적으로 조사하였다. 위원회의 최종결과보고서는 2003년 4월 10일 발표되었는데, 여기에는 299건의 실종자 문제가 조사되었다. 위원회는 결론에서 1973년부터 1985년까지 군부에 의해 실종된 사람들의 다수가 게릴라나 반정치 활동과 전혀 연관성이 없고, 실종자 문제의 가장 큰 책임은 군부에 있음을 발표하였다. 또한 위원회는 조사결과와 더불어 실종자 문제를 해결하기 위해 정부가 유가족들에게 충분한 보상을 실시해야 하고, 후속 작업을 위한 특별기구 설치와 관련한 추가 사항을 권고하였다. 이후 우루과이 진실위원회 보고서는 대법원으로 이송되었다.

하지만 우루과이의 과거청산은 진실위원회의 최종보고서와 더불어 종료된 것이 아니다. 2003년 4월 16일, 우루과이 정부는 위원회의 최종보고서를 채택하기 위한 법률 '448/2003'을 발의하였으며[11], 이것은 우루과이에서 더 이상 과거를 논하지 않고 과거청산이 완료되었음을 의미하는 것이었다. 그러나 과거청산의 종결을 말하기에는 많은 취약점이 존재하고 있었다. 가장 큰 취약점은 가해자에 대한 처벌의 문제, 즉 '불처벌'과 관련된 것이었다. 1989년 우루과이 정부는 과거 군사정권하에서 인권침해를 자행한 군 지도부와 경찰을 기소할 수 없게 한 '소멸법'(Ley de Caducidad de la Pretensión Punitiva del Estado)을 국민투표로 비준하였다. 이 법에 의하면 과거 인권침해를 가한 어떠한 군부나 경찰도 처벌을 받을 수 없다. 즉 불행했던 과거와의 단절이 사법적인 측면에서 전혀 실행되지 않고 있는 것이다. 이것은 과거청산의 실현과정에서 과거와의 완

---

11) http://www.presidencia.gub.uy/decretos/2003041605.htm.

전한 단절을 이루는 데 상당한 걸림돌로 작용하고 있다. 다만 2004년, 따바레 바스께스(Tabaré Vázquez)가 대통령에 취임한 이후부터 민간인 혹은 외국에서 자행된 인권침해 가해자의 법정 재판이 시작되었으나[12], 이것은 '소멸법'의 범위를 피해나간 궁여지책에 지나지 않는다. 이러한 문제는 피해자에 대한 배보상 문제와도 연관되어 있는데, 우루과이 정부는 2009년 9월 18일부터 피해자 배상을 위한 '보상법'을 공표하였다. 하지만 많은 이들은 이 같은 배상제도가 사법적 기소를 원하는 이들을 현혹하는 '당근'에 지나지 않음을 강조하고 있다. 현재까지 실종자 유가족회는 우루과이 진실위원회의 최종보고서가 과거청산의 종점이 아니라 시작임을 강조하고 있다. 이러한 점들을 고려해볼 때, 향후에도 우루과이에는 과거청산과 관련한 상당한 진통이 있을 것으로 예상할 수 있다.

③ 칠레

칠레는 1973년 아옌데 대통령이 군부의 쿠데타에 의해 피살되고 1974년 6월 아우구스토 피노체트 군사독재정부가 집권한 후 16년간 군정이 실시되었다. 그러나 거듭되는 폭압정치로 인해 피노체트는 1989년 12월 대통령 선거에서 파트리시오 아일윈(Patricio Aylwin Azócar)에게 패한 후 대통령직에서 물러났다.[13] 1990년 집권한 민선 아일윈 대통령은 16년간의 군부통치하에서 실종, 사망한 사람들에 대한 조사를 위하여 진

---

12) 2006년 9월, 8명의 퇴역 군인과 경찰이 아르헨티나에서 발생한 실종자 문제로 기소되었으며, 동년 12월에는 그라시엘라 가띠(Graciela Gatti) 판사가 10건의 살인사건과 관련하여 전직 대통령인 보르다베리를 소환하기도 하였다(EAAF 2007: 98-99).
13) 피노체트는 퇴임 후 1998년 신병 치료차 머물던 영국에서 스페인인을 살해한 혐의로 발부된 스페인 법원 영장에 의해 전격 체포되었으며, 2000년 5월 면책특권이 박탈되어 칠레의 구스만 판사에 의해 기소되었다. 이후에도 계속적인 면책특권 박탈과 기소, 가택연금 등이 이어지다 2006년 12월 4일 사망하였다.

실화해국가위원회(Comisión Nacional de Verdad y Reconciliación)를 대통령령으로 설치하였다. 위원회는 9개월 동안 제출된 3400여 건의 사건을 조사하여 그중 2920건을 관할 사건으로 결정하였다. 60명 이상의 전문적인 실무진으로 구성된 위원회는 거의 모든 사건을 면밀히 조사할 수 있었다.[14]

1992년 제출된 1800여 쪽 분량의 위원회 보고서(Rettig Report, 레띠그 보고서)[15]는 1974년부터 1977년까지 피노체트 정권에 의해 모두 3,428건의 실종과 학살, 고문, 납치 등이 이루어졌으며, 이러한 정치탄압의 상당부분이 비밀정보 기구였던 DINA(The National Intelligence Directorate)에 있음을 발표하였다. 아일윈 대통령은 보고서를 공표하면서 희생자와 그 가족들에게 공식 사과하고 군부에게 과거 폭력에서 했던 역할을 인정할 것을 촉구하였다. 그러나 보고서 발표 직후 3주 동안 벌어진 3건의 정치적 암살 사건으로 인하여 정치 위기가 발생하면서 보고서에 대한 논의는 사실상 종결되었고, 정치 분열을 우려한다는 이유로 이미 인쇄된 보고서 수만 부가 창고에 묶인 채로 배포될 수 없었다.

하지만 칠레의 과거청산은 레띠그 보고서 이후에도 꾸준히 실행되었는데, 특히 진실위원회의 후속작업을 위해 '보상과 화해를 위한 전국재단'이 설립되었다는 특징을 가지고 있다. 이 재단의 주요한 활동 임무는 피해자에 대한 배보상과 유해 발굴이었다. 피해자에 대한 배·보상은 과거청산 중에서 국가의 잘못을 인정하는 실질적 활동으로서, 칠레에서는 피해자의 명예를 회복하는 '상징적인 배상'과 피해자의 법적·행정적 변동을 회복시키는 '법적·행정적 배상', 그리고 치료비와 교육비

---

14) 위원회의 조사 권한에 고문과 같이 실종과 사망에 해당되지 않는 인권침해는 포함되지 않았다. 이로 인해 위원회의 활동은 국제 인권단체의 많은 비난을 받았다.

15) 보고서가 레띠그 보고서(Rettig Report)로 알려진 이유는 위원회의 위원장이었던 Raúl Rettig의 이름에서 유래했기 때문이다.

지원을 포함하는 '재정적 배상' 등이 거론되었다. 전국재단은 이 가운데서 재정적 배상에 대한 권한을 부여받았다. 재정적 배상은 위원회가 확인한 피해자와 전국재단이 새로이 확인한 피해자에 대하여, 피해자의 가족과 친지, 생존 배우자, 부모의 1인, 25세 이하의 자녀(장애인의 경우 나이 제한 없음)를 피해자 신청자격자로 인정하였다. 이들은 월별 지급 연금을 신청할 수 있었고, 월별 지급액은 약 370달러 수준으로 피해자의 가족 개개인에게 일정한 비율로 분할되어 지급되었다. 또 피해자들은 국가 보건서비스와 보건부에서 제공하는 피해자의료특별 서비스(물리, 심리 치료를 포함)를 무상으로 이용할 수 있으며, 피해자 가족 중 35세 이하의 사람에게 35세까지 학교 등록금과, 장학금 및 월 경상비를 제공하였다(청와대 비서실 2005: 67-68). 배상과 더불어 전국재단의 임무 중 하나인 유해 발굴은 완료되지 않은 실종과 학살 사건의 종결을 의미한다는 점에서 상당히 중요한 프로세스였다.

이렇듯 칠레는 아르헨티나와 우루과이와는 다르게 위원회 종료 이후 과거청산의 후속 작업을 위한 재단을 설립함으로써 좀 더 능동적인 활동을 했다고 평가받고 있다. 그럼에도 불구하고 레띠그 위원회에서 실시하지 못한 추가 조사에 대한 요구는 끊임없이 제기되었다. 1990년 설립된 레띠그 위원회는 실종과 사망 사건에 대한 조사는 실시하였지만, 고문과 다양한 종류의 인권침해에 대해서는 조사를 실시하지 않았기 때문이다. 결국 칠레는 2004년 후속조사를 위해 제2기 진실위원회(The National Commission on Political Imprisonment and Torture)를 설립하게 되었고, 이 위원회는 90년 제1기 위원회와는 달리 피해자는 사망하지 않았지만 억압과정에서 발생한 다양한 고문과 인권침해 사례들을 조사하게 되었다. 여기서 조사된 내용들은(Valech Report) 칠레 정부가 피해자들에게 연금 및 각종 혜택을 지급할 때 자료로 사용되었다.

④ 과테말라

과테말라는 1954년 아르벤스(Jacobo Arbenz) 대통령이 미국과 결탁한 지배세력에 의해 축출된 후 1960년부터 좌익 게릴라 무장단체가 등장하면서 1996년까지 36년간의 내전을 겪어야만 했다. 특히 1981년부터 1983년까지, 루카스 가르시아(Romero Lucas García)와 리오스 몬트(Efraín Ríos Montt) 등의 군부가 정권을 장악하면서 게릴라 세력의 토벌을 명분으로 한 대대적인 학살과 인권침해가 발생하였다. 하지만 1989년 이후 냉전 해체의 격동을 겪으면서 정부군과 게릴라 사이의 평화협정 움직임이 시작되었고, 결국 유엔의 중재를 통해 1996년 내전을 종식하는 평화협정이 체결되었다.

평화협정 당시 과테말라 정부와 게릴라 양 측은 민주주의 발전을 위해 많은 제도개혁들을 조건으로 내걸었으나, 그중 중요한 요소 중의 하나가 과거청산에 관한 부분이었다. 특히 반군 게릴라는 내전 당시 군부에 의해 자행된 수많은 인권침해와 학살의 진실규명 없이 과테말라의 발전이 있을 수 없다는 주장을 하였다. 이러한 논의 끝에 1997년 2월 탄생한 것이 '과테말라역사진실규명위원회'(Comisión para el Esclarecimiento Histórico)였다. 모두 3명의 위원으로 구성된 과테말라 진실규명위원회의 특징은 위원장이 유엔 사무총장에 의해 임명된 외국인(독일)이었다는 것이다. 과테말라 진실규명위원회는 1997년부터 1999년 2월까지 2년 동안 조사 활동을 전개했으며, 1999년 2월 25일 최종보고서(Guatemala: Memoria del Silencio)를 과테말라 정부와 반군 게릴라, 그리고 유엔에 제출하였다.

과테말라 진실규명위원회는 최종보고서에서 내전 기간 동안 총 200,000명 이상의 민간인이 학살되었고, 이 학살의 책임의 93%는 과테말라 정부에 있음을 공식화하였다. 특히 과테말라 과거청산에서 중요한 요소는 민간인 피학살자의 대부분이 마야 원주민이었다는 점이다. 군부는 내전 기간 동안 산악지대에 거주하고 있던 마야 원주민을 게릴라에 동조할 수 있는 '잠재적'으로 규정한 후 특수부대 등을 동원하여 이들에 대한 계획적인 학살을 실시하였다. 하지만 과테말라 진실규명위원회는 권고 및 후속조치에 있어서 뚜렷한 한계를 보였다. 위원회는 최종보고서에서 가해자의 실명이나 소속을 밝힐 수 있는 권한을 가지지 못했으며, 이들에 대한 사법적 절차를 진행할 수도 없었다. 피해자 배상에 있어서도 사망자 및 실종자를 추모하기 위한 위령시설의 건축 및 유해 발굴 등을 권고하였으나 실질적인 배상 조치를 진행할 수는 없었다.

하지만 과테말라에서는 시민사회를 중심으로 미흡한 과거청산의 실현을 촉구하는 움직임이 계속 진행되었으며, 2012년 현재까지 주요 마야 원주민 학살 주범자들에 대한 사법 재판이 활발히 진행되고 있다. 또한 과테말라의 전문 유해 발굴 기관인 FAFG(Fundación de Antropología Forense de Guatemala)는 1992년부터 현재까지 치말떼낭고와 바하 베라빠스, 알따 베라빠스, 끼체 등지의 마야 원주민 학살지를 중심으로 1,300여 건의 유해 발굴을 꾸준히 진행하고 있다.

⑤ 엘살바도르

엘살바도르는 라틴아메리카 국가 중 국토의 크기가 가장 작은 면적에 속하지만, 현대사에서 발생한 국가폭력의 비극은 전 세계 어느 국가와 비교해도 뒤지지 않을 만큼 잔혹하였다. 엘살바도르는 1950~1960년 사이 헤게모니를 장악한 국내 과두집단과 군부독재의 폭압으로 빈부격차가 심화되면서 사회 갈등이 극에 치닫게 되었다. 이에 1970년대 후반부터 사회 한편에서는 군사정권에 대항하기 위한 무장투쟁 운동이 확산되었고, 이윽고 1980년 5개의 무장게릴라 단체가 연합하여 FMLN(Frente Farabundo Martí para la Liberación Nacional)이라는 무장 반군단체를 결성하게 되었다. 엘살바도르 정부군과 FMLN은 1980년부터 1992년까지 12년간의 내전을 치르는데, 이 기간 동안 약 400,000명의 난민이 발생하고 75,000여 명의 민간인이 희생되었다.

엘살바도르 내전은 국내 빈부격차 및 사회구조와 밀접한 연관성을 가지고 있지만, 그보다도 중미(Central America)지역에 확산되어 있던 냉전의 여파와도 연관성을 가졌다. 미국은 중미 지역에서의 '도미노 현상'을 막기 위하여 천문학적인 군사 원조를 엘살바도르에 실시하였고, 이렇게 원조된 자금은 민간인들의 피해로 돌아왔다. 과테말라와 마찬가지로 엘살바도르 역시, 1990년대 초반 냉전이 종결되자 더 이상 내전을 치를 명분을 잃게 되었고, 결국 유엔의 중재하에 1992년 평화협정을 체결하게 된다. 평화협정 체결 중 가장 중요한 사안 중의 하나는 바로 진실위원회를 설치하여 과거의 진실을 규명하는 과거청산 절차였다. 즉 과테말라와 마찬가지로, 엘살바도르 과거청산은 특별한 사회정치적 변화나 권력 구조의 이탈이 없는 가운데, 종식하고자 하는 정부와 반군의 이해가 일치하면서 가능하게 된 것이다.

평화협정에 의거해 1992년 7월 출범한 엘살바도르 진실위원회는 정치적 중립성을 지키기 위해 위원 3명 전원이 외국인으로 임명되었다. 진실위원회는 총 20명의 조사관을 통해 내전 기간의 국가폭력을 조사하였고, 그 결과 약 95% 폭력의 최종 책임이 엘살바도르 정부에 있음을 확인하였다. 하지만 내전을 종식하기 위해 실시된 엘살바도르 과거청산의 후속조치는 실망스러움 그 자체였다. 진실위원회의 최종보고서가 발표되자마자 군부는 '정당성과 완전성이 결여된 불법적'인 결론에 대해 항거하였고, 당시 대통령이었던 크리스티아니 역시 진실위원회의 활동이 국민적 화해를 이끌어내는 데 실패했다고 단언하였다.

　이렇듯 엘살바도르의 과거청산은 12년 내전을 종식하는 결과를 가져왔지만, 세부적인 측면에서는 제도나 법령의 개혁이나 피해자에 대한 배보상, 중대 폭력행위자에 대한 사법처리 등이 대거 생략된 형식적 논의에 그치고 말았다. 하지만 엘살바도르는 형식적 과거청산 이후 사회의 안정화를 이룰 수 있었고, 이에 2009년 대통령 선거에서는 내전 당시 게릴라 반군이었던 FMLN이 제도권 정당으로 발돋움한 이래 최초로 대통령 선거에서 승리하기도 하였다.

⑥ 파라과이

　파라과이는 1954년부터 1989년까지 홍색당(Partido Colorado) 출신의 스뜨로에스네르(Stroessner) 체제하에서 군부독재를 경험하였다. 스뜨로에스네르는 35년간 통치하였고, 이는 라틴아메리카에서 쿠바의 카스트로 다음으로 오래된 기록이다. 아이러니하게도 스뜨로에스네르는 1989년 2월 3일 그의 측근이자 파라과이 권력의 2인자인 안드레스 로드리게스 뻬도띠(Andrés Rodríguez Pedotti) 장군의 쿠데타로 물러나게 된다. 안드레스는 오랜 군부독재에 지친 민중들과 가톨릭교회, 미국의 지원을 받아 대통령에 취임한다. 1993년 8월 15일에는 와스모시(Wasmosy) 문민정부가 들어섰지만, 정치적 혼란은 더 가속되었다. 와스모시는 군부였던 안드레스보다 개혁적이지 못했으며, 오히려 스뜨로에스네르와 피노체트식의 정책을 계승하였다. 기업가인 와스모시는 스뜨로에스네르의 아들인 구스따보 스뜨로에스네르 장군과 사업적으로 긴밀하게 거래를 하였다. 이런 영향으로 와스모시는 안드레스가 추진했던 개혁 정책을 모두 무시하고 구(舊)스뜨로에스네르 세력과 결합하면서 과거로 회귀하였다. 그는 이미 실패로 끝난 칠레의 피노체트의 경제 정책을 도입하여 대중적인 반발을 불러일으켰다.

와스모시는 당내의 스뜨로에스네르 계파와 긴밀한 관계를 유지했으나 군부의 힘을 빌어서 대통령에 당선되어 정치적 기반이 약하였다. 이 때문에 와스모시는 같은 정당의 군부 출신 정치인인 리노 오비에도와 번번이 대립하였다. 결국 리노 오비에도(Lino Oviedo)는 육군참모총장으로 재임할 당시인 1996년 4월에 쿠데타를 계획하였으나 실패하였다. 리노 오비에도는 1997년에 홍색당 부통령 후보 경선에서 승리하였으나, 와스모시가 리노 오비에도에 반란죄를 적용하여 10년형을 구형하였다. 이로 인해 리노 오비에도는 라울 꾸바스(Raúl Cubas)와 러닝 메이트로 대통령 선거에 출마할 계획이 무산되었다.

와스모시는 정적인 리오 오비에도 대신에 아르가냐(Argaña)를 부통령 후보로 지지하였다. 라울 꾸바스는 아르가냐와 러닝메이트로 출마하여 1998년 8월 15일에 대통령에 당선되었다. 라울 꾸바스는 와스모시 계파인 아르가냐를 제거하기 위해 계획을 세웠다. 아르가냐는 1999년 3월 23일 오전 7시 부통령궁에서 나오자마자 리노 오비에도와 꾸바스를 지지하는 민병대에 의해 차안에서 살해되었다. 이 사건으로 아르가냐 지지자들과 리노 오비에도와 꾸바스 지지자들이 지속적으로 충돌하였고, 결국 3월 26일에 7명의 청년이 서로가 쏜 총에 사망하는 유혈사태가 발생하였다. 이 사태는 파라과이 현대사에서 가장 비극적인 사건으로 '파라과이 3월 학살'(Masacre del Marzo del Paraguayo)로 불린다. 문민정부가 들어섰지만, 파라과이의 정치 불안정은 문민정부와 군부 출신 정치인 사이의 갈등으로 지속되었다. 와스모시와 라울 꾸바스는 군부 출신이 아니지만, 부통령들은 모두 군부 출신들이었다. 문민 출신 대통령들은 군부 출신을 자신의 편으로 끌어들이는 데 노력을 기울였고, 상대 진영에는 가차 없이 보복을 가하였다. 이렇듯 스뜨로에스네르 이후에도 군부가 정치적 헤게모니를 장악하면서 파라과이의 민주주의는 지연되었다.

'파라과이 3월 학살'의 책임을 지고 라울 꾸바스는 1999년 3월 28일에 물러나고 이튿날 루이스 앙헬 곤살레스 마치(Luis Àngel González Macchi)가 대통령으로 취임하였다. 정치 불안정과 남미에 불어닥친 경제 위기를 극복하기 위해 루이스 마치 정부는 야당인 청색당과 연합정부를 구성하였고, 청색당 출신인 훌리오 세사르 프랑꼬(Julio César Franco)가 부통령을 맡았다. 그러나 연합정부는 오래가지 못했고, 루이스 마치 정부는 경제위기가 심화되면서 정치적인 동력까지 잃게 되었다.

파라과이는 군부독재정권인 스뜨로에스네르가 물러났음에도 불구하고 군부의 영향으로 약 20년간 정치적 불안정이 지속되었다. 이런 가운데 집권 여당의 세대교체 세력인 니까노르 두아르떼는 군사독재정권과의 단절을 선언하고 2003년 8월 15일에 대통령으로 당선되었다. 그의 핵심 경제 정책은 자유무역주의와 더불어 거시경제의 회복이었다. 또한 민주화를 통한 정치적 안정을 꾀하였으며, 이를 실현하기 인권 회복과 사회 통합 차원에서 '과거와의 화해'를 시도하였다.

파라과이는 니까노르 두아르떼 집권 당시 '과거와의 화해'를 위해 CVJ를 2004년 6월에 발족하였고, 이 정부의 임기인 2008년 8월까지 위원회가 가동되었다. 위원회의 설립 목적은 군부독재의 시작인 1954년부터 2003년까지 파라과이 국민을 대상으로 자행된 각종 인권 유린에 관한 진실을 밝히는 것이었다. 하지만 실질적으로 CVJ가 발족하게 된 경위는 좀 더 이전으로 돌아가 설명할 수 있다.

앞서 언급한 바와 같이 독재자인 스뜨로에스네르를 몰아낸 로드리게스 정부와 1993년 집권한 와스모시 문민정부는 그 성격에 있어서 개혁적이지 못했다. 이러한 정권의 성격으로 말미암아 스뜨로에스네르 집권 당시의 독재 및 잔혹 행위를 단죄할 수 있는 과거청산 프로그램 가동이 여의치 않았지만 민주화를 향한 변화의 움직임은 감지되었다. 로드리게스 정부는 1992년 6월 20일 제3차 헌법 개정에서 스페인과 포르투갈, 그리고 다른 라틴아메리카 국가들의 법제를 비교하여 국가인권위원회(Defensoría del Pueblo)에 관한 내용을 부가하였다. 이에 따라 파라과이에서는 인권과 관련된 다양한 시민사회조직이 나타나기 시작했다.

이러한 와중에 스뜨로에스네르 정권 당시에 자행되었던 각종 인권탄압문서들이 발견되었다. 1992년 12월 22일, 교육가이며 시민운동가인 마르띤 알마다(Martín Almada)는 호세 아구스띤 페르난데스(José Agustín Fernández) 판사의 도움으로 과거 독재정권의 기록들을 추적하던 도중, 아순시온 인근의 위성도시인 람바레(Lambare) 경찰서 지하창고에 아무렇게나 흐트러진 채 산더미처럼 쌓여 있는 문서들을 확인하였다(Boccia & Palau & Osvaldo 2008: 23~26). 이 문서들은 1993년 1월에 '테러 아카이브'(Archivos del Terror)로 인정되었다. 그 이후에 곧바로 아순시온의 경찰서와 까아과수의 주정부에서도 유사한 문서들이 발견되었고, 이 문서들도 '테러 아카이브'에 포함되었다. 곧바로 대법원과 검찰청은 시민사회단체와 함께 자료를 정리하였다. 문서연구소(CDE)와 긴급구호를 위한 교회위원회(CIPAE)는 전문적인 지원을 했으며, 국회상원 인권위원회와 피해자와 피해자 가족들은 참관하였다. 1993년 3월에는 대법원의 산하기관인 인권보호위원회가 '테러 아카이브' 자료들을 보관하고 디지털화하기 위한 아카이브문서센터(CDYA)를 설립[16]하였다.

이 문서에는 스뜨로에스네르 정권 당시 살해된 50,000명의 명단과 30,000명의 실종자 명단, 그리고 400,000명에 이르는 투옥자의 신상이 담겨 있었다. 또한 문서 기록에는 1970년대 중반 당시 미국의 계획적인

---

16) 이 센터 설립은 대법원과 검찰청, 미국의 해외원조기구인 USAID의 지원으로 이루어졌다.

공조에 힘입어 남미 국가의 인권을 침해하는 데 큰 역할을 했던 '콘도르 작전'(Operación Condor)에 관련된 문서들이 담겨 있었다. 소문으로만 떠돌던 인권침해와 잔혹행위의 실상이 적나라하게 드러난 것이다. 이것은 곧 파라과이 내부에서 과거청산에 대한 필요성을 제기하는 계기가 되었다. 이에 와스모시 정부는 1995년 11월 14일에 스뜨로에스네르 집권 당시의 인권 피해자에 대한 보상을 위한 국가인권위원회 설립법률을 공표하였다. 그러나 와스모시는 정부는 스뜨로에스네르 세력과 우호적인 관계를 유지하고 있었기 때문에 '테러 아카이브' 발견 등 국내외적인 민주화 이행 분위기에 떠밀려 법률안을 승인했을 뿐 실제적으로 위원회를 설립하여 가동하지 않았다. 비록 로드리게스와 와스모시 정부 시기는 민주화를 위한 구체적인 조직이나 실천이 이루어지지 않았지만, '과거청산'을 위한 법률적인 기반이나 사회적 분위기를 조성하는 데 기여하였다고 볼 수 있다.

1999년에 집권한 곤살레스 마치는 야당과 연합정부 구성 등 국가 통합의 노력으로서 민주화에 관심을 기울였으며 그 결과로 수년 동안 표류상태에 있던 국가인권위원회를 2002년 1월 2일에 발족하였다. 그 이듬해에 집권한 니까노르 두아르떼는 독재 권력의 잔재와의 단절을 선언하였고 그에 대한 실천으로서 CVJ를 설립하였다. 이러한 결단이 가능했던 것은 니까노르 두아르떼가 다른 전임 대통령들과 달리 홍색당 내의 스뜨로에스네르의 계파의 영향을 받지 않는 소수 계파 출신이었기 때문이다.

CVJ는 2003년 10월 파라과이 의회에서 법률 2225(Ley No. 2225)에 의거하여 진실과정의위원회 설립 법안을 통과시키면서 활동이 시작되었고 의회와 행정부 산하에 조직되었다(Florentín 2006). 진실과정의위원회 설립목적은 법안 제 1조에 명시되어 있다.

> 1조 - CVJ는 1954년 5월부로 이 법이 통과하는 순간까지 있었던 인권폭력
> 조사를 임무로 설립되었다. 이러한 수단을 강구한 것은 다시는 이와 같은 과거
> 를 반복하지 않기 위해서이며, 이를 통해 민주국가와 인권의 확립과 평화문화,
> 파라과이 시민의 화합과 단결을 촉진하게 함이다.[17]

이렇게 설립된 CVJ는 구체적으로 1954년부터 1989년까지 스뜨로
에스네르 독재정권 기간 동안 발생한 인권 범죄를 조사하는 목적을 가
졌으며, 더불어 가해자로 판명된 이들을 기소하는 임무를 부여받았다.
CVJ의 조사대상 범위는 1954년부터 본 위원회의 설립 직전까지이지만,
실제적으로는 파라과이를 장기 군부독재체제로 몰고 간 스뜨로에스네
르 정권(1954~1989)시기에 집중하였다. 조사대상에는 실종자와 즉결 처
형자, 고문과 그에 따른 부상을 당한 자, 추방자, 인권에 위배되는 폭력
을 당한 자가 포함된다. 또한 아이와 여성, 원주민과 같은 사회적 약자
에 대한 인권침해와 토지무단점유 사례도 포함한다.

CVJ의 조직은 정부와 시민단체, 피해자들이 추천한 사람들로서 총 9
명으로 구성되었다.[18] 위원회는 활동기간 동안 총 2,059건의 증언조사
와 9,923건의 독재시기 희생자 자료의 분석, 그리고 8차례에 걸친 공청

---

17) http://www.leyes.com.py/todas_disposiciones/2003/leyes/ley_2225_03.php
18) 이 중 위원장은 마리오 메디나(Monseñor Mario Melanio Medina) 신부가 임명되었으
    며 피해자 측에서 추천하였다. 부위원장은 의회 추천 대표로서 후안 마누엘 베니떼
    스 플로렌띤(Juan Manuel Benítez Floentin)이다. 위원들은 행정부에서 추천한 마리
    오 산도발(Mario Sandoval)과 피해자 측에서 추천한 후디스 롤론 학껫(Judith Rolon
    Jacquet)과 미겔 앙헬 아끼노(Miguel Ángel Aquino), 까를로스 루이스 까사비안까
    (Carlos Luis Casabianca), 시민단체에서 추천한 까를로스 뽀르띠요(Carlos Portillo)
    와 에리베르또 알레그레 오르띠스(Heriberto Alegre Ortiz), 빅또르 하신또 플레차
    (Victor Jacinto Flecha)가 임명되었다.

회를 개최하면서 조사를 진행하였다(CVJ I 2008: 23~28). 증언조사는 본부인 아순시온을 포함하여 미시오네스(Misiones)와 까아과수(Caaguazú), 알또 빠라나(Alto Parana), 꼬르디예라(Cordillera) 등의 각 지역 사무소에서 수집하였다. 증언을 수집한 도시는 뀐드(Qundy)와 빠라과리(Paraguari), 산뻬드로 델 빠라나(San Pedro del Parana), 산 뻬드로 델 으꾸아만드주(San Pedro del Ycuamandyyú), 엔까르나시온(Encarnación), 마리아 아욱실리아도라(María Auxiliadora), 까아사빠(Caazapá), 꼰셉시온(Concepción), 산 에스따니스라오(San Estanislao), 알또 빠라과이(Alto Paraguay) 등이 있다(CVJ I 2008: 22~23). 또한 국내뿐만 아니라 브라질과 스페인, 아르헨티나에서도 수집하였다. 희생자 자료 분석은 '테러 아카이브'를 보관하고 있는 아카이브문서센터(CDYA)와 긴급구호를 위한 교회위원회(CIPAE), 안또니오 가우치 파라과이 연구센터(CEPAG)에 보관된 자료를 통해 이루어졌다. 8번의 공청회는 각기 다른 장소와 주제를 가지고 열렸다. 주제는 독재시기 희생자의 증언과 농민 탄압, 토지무단점유, 망명자, 여성 및 아동, 원주민 등이 있으며, 장소는 아순시온을 비롯하여 지방과 아르헨티나에서 개최되었다(CVJ I 2008: 25). 특히 위원회는 해외 조사 가운데 아르헨티나에 주로 집중하였다. 그 이유는 스뜨로에스네르 독재시기에 탄압받은 대부분의 인사들이 아르헨티나로 떠났으며, 아르헨티나 정부도 암묵적으로 반(反)스뜨로에스네르 기조를 유지하면서 반정부 인사들을 지원한 관계로 독재시기에 탄압받은 피해자들이 많이 남아 있기 때문이다.

조사기간은 원래 2004년 6월에서 2006년 2월까지였으나, 같은 해 8월까지 6개월 연장하였다. 그러나 일각에서 조사기간이 부족하다는 청원이 일어나면서 CVJ의 연장이 거론되었다. 그 결과로 2006년 8월부터 니까노르 두아르떼 대통령의 임기가 끝나는 2008년 8월까지 2년이 연장되었다. 그 결과물로서 CVJ는 2008년에 총 9권으로 구성된 최종보고서인 '아니베 아구아 오이꼬'(Anive hagua oiko)[19]를 펴냈다.

4년 2개월간의 CVJ 조사 결과, 독재정권 기간 동안 19,862건의 불법 구금과 18,772건의 고문, 최소 59건의 즉결 처분, 336건의 실종 등을 포함해 총 128,000여 명이 학살되었음을 발표하였다. 위원회는 이러한 범죄들이 모두 우발적 상황에서 발생한 것이 아니라 국가의 체계적인 계획으로 진행되었으며, 좌파 등의 특정 집단을 겨냥하기보다 광범위한 일반 대중을 겨냥했다고 발표하였다.[20] 또한 조사결과에는 스뜨로에스네르 정권 기간 동안 7,851,295헥터(19,400,972acres)의 토지가 독재정권에 동조하는 정치인과 군인들에게 불법적으로 증여되었다는 내용이 포함되었다. 이 문제는 파라과이의 빈곤과 경제침체를 설명하는 데 중요한 내용으로 인식되었다. 위원회는 독재기간 중 발생한 상당수의 인권침해가 최고 통치자였던 스뜨로에스네르에게 있다고 보았으며, 이에 2006년 4월, 60건의 인권침해 사건에 스뜨로에스네르가 책임을 져야 한다는 결과를 발표하였다.[21]

하지만 CVJ의 활동이 원활하게 수행된 것만은 아니었다. 파라과이 의회 및 정부는 초기부터 위원회의 활동을 견제하기 위해 예산 삭감 등의 방해공작을 일삼았으며, 이로 인해 위원회의 조사가 수개월 동안 정지되기도 하였다. 이렇듯 수많은 어려움을 뚫고 활동기간을 종료한 위원회는 파라과이의 더 나은 민주주의를 위해 정부에 몇 가지 중요 사항을 권고하였다. 먼저 위원회는 위원회 활동이 종료된 이후에라도 실종자들의 유해를 찾는 일을 계속할 것과 실종자 신원을 확인할 수 있는 DNA 데이터베이스 센터 설립을 권고하였다. 또한 위원회의 결과물들

---

19) 이 문장은 과라니어로서 '절대로 반복하지 말자'라는 의미이다.
20) CVJ의 최종조사보고서는 2008년 8월 28일 공개되었다.
21) 이 발표에 대해 당시 많은 인권단체들은 결과가 상당히 축소되었다며 비판하였다.

이 교과서에 실려 향후 과거의 잔혹 행위들이 재발되지 않도록 하는 사항을 권고하였다. 하지만 잔혹행위의 핵심 가해자를 처벌하는 것은 타국의 사례와 비슷하게 전격적으로 이행되지 못하였다(Valiente 2003). 예를 들어 위원회는 스뜨로에스네르를 기소하기 위해 노력하였으나 실패하였고, 결국 2006년 8월 스뜨로에스네르가 사망함에 따라 권고사항을 이행하지 못하였다.

몇몇 권고사항의 불이행에도 불구하고 파라과이의 과거청산은 상당히 긍정적으로 평가되고 있다. 2005년 유엔 인권 감시위원회(UN Human Rights Committee)는 파라과이의 성차별 문제 등에 있어서 상당히 긍정적인 변화가 일어나고 있음을 보고하였다. 또한 독재정권 시기 사망한 피해자 유가족 400여 명이 과거청산 이후 정부로부터 총 2천만 달러(USD)에 달하는 금전 보상을 받기도 하였다.

〈표 2〉 라틴아메리카 6개국 과거청산의 일반적 개요

국가명	재판	진실위원회	사면	배상	과거 청산 프로세스
아르헨티나	2003년 이후 가해자들에 대한 체포 및 재판 재개	진실위원회(군사독재 이후 민선정부에서 출발)	2003년 이후 각종 사면법에 대한 무효화가 진행	2004년부터 불법 구금 피해자 등에 단계적 배상	진행형 (정부)
우루과이	2006년 전 대통령 보르다베리 기소	진실위원회(1, 2기)	1989년 '소멸법'과 같은 사면체계가 아직 존재함	2009년 '보상법' 공포	진행형 (정부)
칠레	군사독재 핵심가해자에 대한 사법처벌 시도가 있었으나 원활하게 진행되지 않음	진실위원회(1, 2기; 군사독재 이후 민선정부에서 풀발) 후속재단	1978년 피노체트 정권이 만든 '사면법'이 아직 효력을 가짐	아일원에 의해 배상법(19,123) 통과. 2009년 11월 '인권과 배상을 위한 재단' 설립 법률(20,405) 통과	진행형 (정부)
과테말라	2000년대 이후 가해자에 대한 사법재판이 계속 늘어나고 있음	진실위원회		배상기구가 있으나 거의 활동을 하지 않음	진행형 (시민사회)
엘살바도르	소수의 인권침해 가해자만이 국내에서 처벌 받음	진실위원회	최종보고서 발표 5일 후 의회에서 '사면법' 통과	이행되지 않음	소극적
파라과이	스뜨로에스네르에 대한 법적 기소 실패	진실위원회(1기, 2기: 2기는 정부 산하 기관 소속으로 재편)		약 400명만이 2천만 달러에 상응하는 배상을 받음	진행형 (정부)

| 참고문헌 |

권헌익 2003, 「전쟁과 민간신앙: 탈냉전시대의 월남 조상신과 잡신」, 『민족과 문화』 12호, 한양대학교 민족문화연구소.

김세건 2010, 「파라과이 농촌의 세계화와 농민의 저항: '콩 전쟁(la guerra de la soja)'을 중심으로」, 『이베로아메리카』 제12권 1호, 55-86쪽.

노용석 2010, 「라틴아메리카의 과거청산과 유해 발굴-아르헨티나, 엘살바도르, 과테말라 사례를 중심으로」, 『이베로아메리카』 12-2, 부산외국어대학교 라틴아메리카지역원.

박구병 2005, 「'눈까 마스'와 '침묵협정' 사이: 심판대에 선 아르헨티나 군부의 '더러운 전쟁'」, 『라틴 아메리카 연구』 18권 2호, 한국라틴아메리카 학회.

_____ 2006, 「'추악한 전쟁'의 상흔: 실종자 문제와 아르헨티나 〈오월광장 어머니회〉의 투쟁」, 『라틴 아메리카 연구』 19권 2호, 한국라틴아메리카 학회.

이재승 2002, 「이행기의 정의」, 『법과 사회』 제22호, 서울: 동성출판사.

임상혁 2009, 「국내 배·보상 사례와 시사점」, 『한국전쟁 시기 민간인 희생자에 대한 배·보상 방안』, 과거사정리 후속조치 연구를 위한 심포지엄 자료집, 진실화해위원회·포럼 『진실과 정의』.

제주대·(사)제주4·3연구소 2010, 『4·3희생자 유해발굴사업 2단계 1차 감식보고서』.

진실화해위원회·공주대학교 산학협력단 2009, 『피해·명예회복 및 화해·위령 사업, 재단 해외사례 조사 연구용역 최종보고서』.

진실화해위원회·포럼 『진실과 정의』 2009, 『진실규명 이후 화해·위령 및 재단 설립 방안』, 과거사정리 후속조치 연구를 위한 심포지엄(Ⅱ) 자료집.

진실화해위원회 2009, 『세계 과거사청산의 흐름과 한국의 과거사정리 후속조치 방안 모색』, 국제심포지엄 자료집.

청와대 비서실 2005, 『포괄적 과거청산대책 수립을 위한 정책연구』.

Argentine Forensic Anthropology Team. 2007, 2007 *Annual Report*(covering the period January to December 2006).

Boccia & Palau & Salerno 2008, *Paraguay: Los Archivos del Terror: Papeles que Resignificaron la Memoria del Stronismo*. Asunción: Servilibro.

Bouvard, M. G. 1994, *Revolutionizing Motherhood: The Mothers of the Plaza De Mayo*, Wilmington: Scholarly Resources Inc.

CVJ. 2008, *Anive Haguã Oiko: Sintesis y Caracterización del Régimen Tomo I*. Asunción: Servis.

____. 2008, *Anive Haguã Oiko: Tierra Mal Habidas Tomo IV. Asunción*: Servis.

Danner, Mark. 1994, *The Massacre at El Mozote*, New York: Vintage Books.

Elster, J. 2004, *Closing the books : Transitional Justice in Historical Perspective*, Cambridge: Cambridge University Press.

Equipo Argentino de Antropologia Forense. 2002, *Informe Mini Annual 2002*.

_____. 2006, *Informe Mini Annual 2006*.

Esparza, Marcia. 2010, "Globalizing Latin American studies of atate violince and genocide". *State violence Genocide in Latin America -The Cold War Years-*. New York: Routledge.

Feitlowitz, Marguerite. 1998, *A Lexicon of Terror*. New York: Oxford University Press.

Ferrándiz, Francisco. 2006, "The Return of Civil War Ghosts - The Ethnography of Exhumations in Contemporary Spain", *Anthropology Today Vol 22, No 3*.

Fisher, J. 1989, *Mothers of the Disappeared*, Cambridge: South End Press.

Fogel, Ramon. 2005a, "Efectos socioambientales del enclave sojero", en Fogel, Ramón y Marcial Riquelme. *Enclave sojero, merma de soberanía y pobreza*, Centro de Estudios Rurales Interdiscipinarios. 35-112.

_____. 2005b, "La guerra de la soja contra los campesinos en Tekojoja." Navapolis 10. http://www.novapolis.pyglobal.com/10/tekojoja.php (accessed Sep 7. 2012).

Hayner, Priscilla B. 2002, *Unspeakable Truths: Facing the Challenge of Truth*

Commissions. New York: Routledge.

Hertz, R. 1960, 'A contribution to the study of the collective representation of death'. In *Death and The Right Hand* (authored by R. Hertz and translated by C. Needham). New York: Routledge.

Hoepker, Thomas. 1998, *Return of the Maya-Guatemala, A Tale of Survival-*. Henry Holt and Company Inc.

Informe de la Comisión Nacional sobre la Desaparición de Personas. 1984, *Nunca Más*, Buenos Aires: Editorial Universidad de Buenos Aires(실종자 진사조사 국가위원회[1988], 『눈까 마스: 아르헨티나 군부독재의 실상』, [송기도 역], 서당).

Kwon, H., 2006, *After Massacre : Commemoration and Consolation in Ha My and My Lai*, London : University of California Press.

Latin American Initiative for the Identification of the Disappeared. 2009, *Genetics and Human Rights(Argentina Section)* ; 유강은 역(2012), 『학살, 그 이후』, 아카이브.

Payne, L. 2009, 'The Justice Balance : when Transitional Justice Improves Human Rights and Democracy' in 『세계 과거사청산의 흐름과 한국의 과거사정리 후속조치 방안 모색 심포지엄 자료집』, 진실화해위원회.

Robben, A. C. G. M. 2000, 'State Terror in the Netherworld: Disappearance and Reburial in Argentina', in *Death, Mourning, and Burial*, Blackwell Publishing.

_____, 'Death and Anthropology: An Introduction', in *Death, Mourning, and Burial*, Blackwell Publishing.

Roht-Arriaza, N. 2006, 'The new landscape of transitional justice' in *Transitional Justice in the Twenty-First Century -Beyond Truth versus Justice*, New York: Cambridge University Press.

Shaw, M. 2003, War & Genocide, Cambridge: Polity Press.

Shelton, Dinah L. 2005, *Encyclopedia of Genocide and Crimes against Humanity 1*, Thompson Gale.

Snow, C.C. and Bihurriet, M. J. 1992, "An Epidemiology of Homicide: Ningún
   Nombre Burials in the Province of Buenos Aires from 1970 to 1984", in T.B.
   Jabine and R.P. Claude(Eds.) *Human Rights and Statistics: Getting the Record*
   Straight: University of Pennsylvania.

Sanford, V. 2003, *Buried Secrets -Truth and Human Rights in Guatemala-*, New York:
   Palgrave Macmillan.

Teitel, R. G. 2000, *Transitional Justice*, New York: Oxford University Press.

Vanden, H. E. & Prevost, G. 2009, *Politics of Latin America*, New York: Oxford
   University Press.

2

엘살바도르 과거청산의 특수성
: 과거청산을 통한 발전전략 수립

엘살바도르의 수도인 산살바도르 시내에 있는 혁명기념비
이 비는 모자이크 형식으로 제작되었으며,
20세기 중반 엘살바도르인들의 혁명과 변화에 대한 인식을 표현하기 위해 1948년 제작되었다.

1) 엘살바도르 과거청산의 경향

2011년 5월 30일, 스페인 법원은 1989년 11월 16일 산살바도르의 UCA(Central American University)에서 발생한 예수회 신부 6인 및 민간인 2인의 암살사건에 대한 책임을 물어 전직 엘살바도르 군인 20여 명에게 체포영장을 발부하였다.[1] 이것은 엘살바도르 내전이 종료된 지 무려 20여 년이 지난 시점에 이루어진 조치로서, 엘살바도르 과거청산의 불완전성을 보여준 좋은 사례라 할 수 있다. 당시 사건조사에서 암살에 연루된 가해자의 실체는 명확히 밝혀지지 않았고, 혐의자로 지목되어 재판을 받았던 2명의 군인 역시 1993년 엘살바도르 정부의 대사면 조치로 인해 자유의 몸이 되었다.[2]

이와 같은 과거청산의 불완결성은 세계 도처에서 찾아볼 수 있다. 전

---

1) CNN, 2011. 5. 30 보도 참조(www.CNN.com).

2) 엘살바도르에서 자행된 암살 사건에 스페인 법원이 개입한 이유는 당시 암살된 6명의 신부 중 5명이 스페인에서 태어났기 때문이다. 이와 같이 타국의 과거청산 사례에 스페인 법정이 개입한 또 다른 사례는 칠레의 전 대통령이었던 피노체트의 기소에서도 찾을 수 있다. 스페인 사법 당국은 피노체트가 1998년 신병처리차 런던에 머무르자 영국 정부와 '범죄인 인도협정' 및 '유럽테러협약'에 근거하여 피노체트의 신병을 스페인에 인도할 것을 요구하였다. 결국 영국 법원은 1년 반 동안 피노체트를 가택연금한 가운데 심리를 벌였으며, 최종적으로 피노체트의 신병이 스페인으로 인도되지는 않았지만 국제적으로 큰 파장을 일으킨 바 있다(곽재성, 2007 참조).

세계에서 가장 많은 과거청산 경험을 가지고 있는 라틴아메리카에서는 권위주의 정부 혹은 군사독재 정권이 물러난 후 새로운 정권하에서 다양한 형태의 과거청산이 실시되었으나 '청산의 마무리'가 완결된 곳은 그리 많지 않은 것이 사실이다. 예를 들어 아르헨티나의 경우 '더러운 전쟁'(dirty war) 당시 실종자들의 행방과 이들 죽음의 원인을 밝히기 위해 1984년 알폰신 정부하에서 '실종자 진상 조사위원회'가 가동되어 조사를 실시하였으나, 군부의 반발과 사면법 등의 제정으로 인해 명쾌한 진상규명과 가해자 처벌이 완수되지 못한 채 현재까지 청산 작업이 진행 중이다.[3] 칠레 역시 피노체트 정권하에서 자행된 인권유린 및 학살을 조사하기 위해 1990년 민선 아일윈 대통령 집권 이후부터 의욕적인 과거청산을 실시하였으나 피노체트를 비롯한 군부의 주요 가해자들은 대부분 처벌을 받지 않았다. 이렇듯 청산이 완결되지 못한 이유는 국가별로 다양한 요인이 존재할 수 있으나, 무엇보다도 '정의'(justice) 구현을 위한 과거청산'을 위해 '현재의 평화'(peace)를 위협할 수 없다는 논리가 가장 크게 작용하였다. 혹자는 이러한 특징에 빗대어 과거청산을 '영원히 진행형'일 수밖에 없는 과제라고 말하기도 한다.[4]

사실 이와 같은 논란은 과거청산의 주요 목표를 '사법권적'(judicial)인 측면에서 과거 특정범죄행위 '가해자의 기소 및 처벌'이라는 측면에서만 바라보기 때문에 발생하는 문제이다. 즉 과거청산의 완료는 과거 특정세력의 처벌 및 제거를 통해서만 가능하다고 보는 것이다. 하지만 과

---

3) 2010년, 아르헨티나는 1976년 군사쿠데타의 주역이었던 호르헤 비델라를 30여 년 만에 법정에 세워 '더러운 전쟁' 당시 31명의 재소자를 고문하거나 살해한 혐의로 종신형을 선고하였으며, 전직 군인과 경찰 20여 명 역시 정치범을 살해한 혐의로 재판대에 오르게 하는 등 아직까지 '더러운 전쟁'을 청산하기 위한 작업이 진행 중이다.

4) 『주간조선』(2005. 8) 1869호, 「세계 각국의 과거청산은 영원한 현재형?」 참조.

거청산의 진행 과정이 오로지 사법적 측면에서의 정의구현만을 유일한 목표로 상정하고 있는 것은 결코 아니다. 수많은 사례를 통해 볼 때, 과거청산의 목표는 사법적 측면의 처벌만 포함된 것이 아니라 사회 시스템 및 구조의 개선, 법제도의 개혁, 희생자에 대한 배보상 문제, 행정조직의 개편, 해당 사건의 위령 및 기념 등 '비사법적' 측면에서의 제도개선을 포함한 '과거청산'(transitional justice)라는 개념과 맞물려 있다.

1995년부터 본격화된 남아프리카 공화국의 과거청산 사례는 이와 같은 또 다른 목표를 잘 보여주고 있다. 남아프리카 공화국의 진실화해위원회는 아파르트헤이트(apartheid) 기간 동안 발생한 인권유린 등을 조사하며, 무차별적 처벌보다 과거 죄악에 대해 고백하는 가해자를 사면하는 각종 정책 등을 활용하면서 인종 갈등을 봉합하기 위한 화해에 궁극적 목표를 두었다. 이와 같이 특정지역에서의 과거청산 프로세스는 그 사회에서 청산이 발생하게 된 동기와 궁극적 목표 지점이 어디에 있는가에 따라 과거청산의 특징을 인식하는 지점이 다양하게 달라질 수 있다. 즉 특정사회에서 과거청산의 성공과 실패는 사법적 처벌의 문제가 아닌 좀 더 포괄적인 사회문화적 맥락을 고찰함으로써 보여질 수 있다.

위와 같은 논지에 입각하여 이번 장에서는 과거청산 과정 중 과거청산의 실행이 해당 사회에 실질적으로 어떤 의미를 가지는가에 대한 사례연구를 실시하고자 한다. 사례 연구를 위한 대상은 세계 어느 국가보다 심각한 내분과 혼란을 겪었으나, 과거청산 이후 상당한 국가 발전을 이루었다고 평가받고 있는 엘살바도르이다. 중미에 위치한 엘살바도르는 1980년부터 1992년까지 냉전(cold war)과 국내정치 상황이 결부되어 약 12년의 내전을 겪었으며, 이 과정에서 75,000여 명의 인명이 실종되거나 학살되었다. 1992년 엘살바도르 정부와 반군인 '파라분도 마르티 민족해방전선'(Frente Farabundo Martí para la Liberación Nacional, 이하 FMLN)은 유엔의 중재하에 평화협정을 체결하였고, 평화협정 이행 약속의 하나로 내전기간 동안 발생한 인권유린 등에 대해 과거청산을 실시하였다.

또한 이 장에서는 엘살바도르 과거청산의 특징이 전체 과거청산과 어떤 맥락을 유지하고 있으며, 이러한 부분은 역사적으로 어떻게 평가할 수 있는지에 대해 분석을 시도해보고자 한다. 위와 같은 엘살바도르의 분석은 과거청산 및 과거청산의 다양성을 적극적으로 받아들이는데 도움이 될 것으로 보이며, 나아가 과거청산 문제가 해결되지 않고 있는 한국에게도 일종의 메시지를 남길 것으로 기대해본다.

2) 엘살바도르 내전과 평화협정 과정

엘살바도르는 국가면적 및 위상에 있어서 라틴아메리카에서도 상당히 규모가 작은 국가로 편입된다. 하지만 근대국민국가 형성 이후 발생한 라틴아메리카의 정치적 격동기와 국가폭력, 냉전 등을 설명하는 데 있어서 엘살바도르가 가장 중요한 연구 대상국가라는 것에 동의하지 않는 사람은 없을 것이다. 엘살바도르는 스페인으로부터 독립을 쟁취한 1821년부터 사회전반의 지배권을 독점한 과두집단(oligarchy)의 등장으로 빈부격차가 심화되었으며, 이로 인해 1932년에는 남서부 지방을 중심으로 민중봉기가 일어나는 등 사회갈등이 항시 고조되어 있었다.[5] 이후로도 1970년대까지 엘살바도르의 사회구조는 커다란 변화 없이 과

---

5) 엘살바도르 공산당의 파라분도 마르띠(Augustín Farabundo Martí)가 주도한 1932년 봉기는 커피농장이 집중되어 있던 남서부 지방의 노동자를 중심으로 발생했으며, 봉기 직후 실시된 정부군의 진압으로 약 30,000명의 민간인이 학살되었다. 엘살바도르인들은 아직까지 이 시기를 '대학살의 시기'(La Matanza) 로 부르고 있다.

두집단의 옹호하에 정권을 장악한 군사 독재정권과 민중 간의 첨예한 대립으로 특징지워졌다. 특히 1950~1960년 사이 국내 헤게모니를 장악하기 위한 군부와 과두집단의 활동이 극에 달하면서 민중에 대한 인권 탄압과 국가폭력은 점차 증가하기 시작했다. 예를 들어 군부는 1960년 이후부터 ORDEN(Organización Democrática Nacionalista)과 ANSESAL(Agencia Nacional de Servicios Especiales) 같은 준군사조직(paramilitary) 및 국가방위군 등을 조직하여 농민과 민중들의 동정을 항시 감시하는 한편, 대통령 선거마다 이 조직들을 이용하여 부정선거를 획책함으로써 지배세력이 재집권하는 데 결정적 역할을 하였다. 이렇듯 국가기구의 감시가 강화되고 억압적 사회분위기가 조성되자 민중들의 저항 역시 조직화되기 시작했다. 특히 1970년대 후반부터 정부에 대한 저항이 무장투쟁을 중심으로 한 게릴라 운동으로 확산되면서 엘살바도르 정국은 준내전 상태로 돌입하게 되었고[6], 무장충돌 및 진압과정에서 테러와 살인 등이 발생하며 민간인 희생피해가 증가하였다.[7]

결국 이러한 내적 갈등의 축적과 1979년 니카라과 산디니스따(sandinista) 혁명 여파 등이 결합되면서, 1981년 1월 10일부터 본격적인 엘살바도르 내전이 시작되었다. FMLN은 1월 10일 '최후의 공세'(final offensive)를 선언하며 전국에서 주요 관공서 및 방송국에 대한 공격을 실시하였다. 최후의 공세 이후 게릴라 세력은 산악지형이 발달한 동북부

---

6) 1970년 이후로 엘살바도르에서는 5개의 무장 게릴라 조직이 결성되었고, 이후 이들은 1980년 10월 10일 단일 혁명조직인 FMLN으로 통합하기에 이른다.
7) 이 기간 중 대외적으로 유명한 로메로(Oscar Arnulfo Romero) 주교가 설교 도중 암살단에 의해 사살되고(1980년 3월 24일), 엘살바도르 거주 미국인 수녀 4명이 국가방위군에 의해 강간당한 후 살해되는 사건(1980년 12월 2일)이 발생하였다. 엘살바도르 진실위원회는 1980년 한 해에만 모두 2,597명이 테러에 의해 사살되거나 실종된 것으로 추측하였다(United Nations 1993, 29).

모라산(Morasán) 등지에 근거지를 형성한 후 저항을 이어나갔으며, 정부군 역시 미국으로부터의 군사원조를 바탕으로 도심 지역을 점거한 채 게릴라의 투쟁에 맞섰다. 특히 엘살바도르 정부에 대한 미국의 군사원조는 엘살바도르 내전을 단기간의 이벤트가 아니라 냉전의 대리전장으로 위상을 '격상'시키는 역할을 하였다. 이처럼 냉전의 대리전장이 된 엘살바도르 내전은 종착지점을 가늠할 수 없을 만큼 혼돈으로 치닫고 있었다.

하지만 끝이 보이지 않을 것 같던 내전도 종식을 위한 조금의 움직임이 감지되기 시작하였다. 1984년 10월과 11월, 엘살바도르 대통령이었던 두아르떼(José Napoleón Duarte)와 FMLN은 내전 종식을 위한 양자접촉을 찰라테낭고와 라리베르따드에서 가졌다. 이 접촉은 큰 성과 없이 마무리되었지만 내전을 종식하기 위한 최초의 시도였다는 점에서 의의를 가질 수 있었다. 이후 내전 종식을 위한 움직임은 1989년부터 재개되었다. 1989년 3월 치러진 대통령 선거에서는 국민공화연맹(Alianza Republican Nacionalista, 이하 ARENA)의 후보인 알프레도 크리스티아니(Alfredo Cristiani)가 당선되었다. 그는 취임사에서 대화를 통한 평화달성, 경제의 자유화 등을 선언하면서 내전 종식의 강력한 의지를 표명하였다. 이와 같은 종전 의지는 1989년 7월 27일 유엔 안보리에서 '엘살바도르 평화조성을 위한 노력 결의'[8]가 통과되며 가속도를 내기 시작했고, 이후 엘살바도르 정부와 FMLN은 동년 9월과 10월, 11월에 멕시코시티와 산호세, 까라까스에서 연달아 대화를 시도하였다. 이 모임에는 내전의 당사자뿐만 아니라 유엔과 OAS(Organization of American States), 엘살바도르 기독교 단체

---

8) 정식명칭은 'United Nations Security Council Resolutions 637'로서 의제명은 'Engagement of UN in peace progress in Central America'였다. 여기서 안보리 상임 5개국과 비상임 10개국은 만장일치로 결의안을 통과시켰다.

들이 중재를 위해 참여하기도 하였다.[9]

결국 위와 같은 노력의 결실로서 평화협정을 체결하기 위한 최초의 공식협의가 1990년 시작되었다. 1990년 4월 유엔의 중재하에 개최된 제네바 협의에서는 엘살바도르 정부와 FMLN을 대리하는 각 4명의 대표와 유엔 관계자가 참여한 가운데 '정치적 방법에 의한 무력대결의 종식'과 '민주화 도모', '인권존중', '엘살바도르 사회의 통합'이라는 평화협정 4대 주요 과제를 도출하여 합의하는 데 성공하였다. 이후 양측은 유엔의 감시하에 까라까스(1990년 5월)와 산호세(1990년 7월), 멕시코(1991년 4월), 뉴욕(1991년 9월)에서 4대 주요 과제를 실현하기 위한 추가 협의를 연달아 진행하였으며, 1992년 1월 멕시코의 차뿔떼뻭(Chapultepec)에서 최종 협정서에 사인하게 되었다. 협의과정에서 논의된 두 가지 주요 사항은 내전을 종식하기 위하여 시급히 취해야 할 긴급과제와 향후 엘살바도르 사회의 통합을 위한 제반 법률 및 제도의 정비와 화해 프로그램 계획 등이었다.

평화협정에서 논의된 첫 번째 긴급과제는 '무장해제'(Disarmament), '군부대 해산'(Demobilization), '재통합'(Reintegration), 즉 'DDR의 이행'이라는 의제로 축약될 수 있다. 이 과제들은 쌍방의 무장을 해제하고 공식적 사회제도 외부에 존재하는 FMLN 구성요원들을 사회로 통합하기 위한

---

9) 이처럼 평화협정을 위한 행보가 시작되었지만 정국이 완전한 평화를 유지한 것은 아니었다. 평화협정의 행보와는 반대로 엘살바도르 정부군과 암살단, FMLN의 상대에 대한 지속적인 테러와 공격은 계속되었고, 1989년 11월 11일에는 FMLN이 정부군의 FENASTRAS(Federación Nacional Sindical de Trabajadores Salvadoeñes) 본부에 대한 폭격에 반발하여 즉시 협상을 중지하고, 오후 8시를 기점으로 가장 강력하고 거대한 공세를 감행하였다. 이 공세로 인해 12월 12일까지 정부군과 FMLN을 포함한 모두 2,000명 이상의 전사자가 발생하였고, 도시에 은닉 중인 게릴라를 섬멸하기 위한 정부군의 폭격 및 체포, 구금의 과정에서 비전투 민간인들이 억울하게 실종 혹은 학살되기도 하였다.

조치였다. 이와 동시에 평화협정에서 논의된 또 다른 중요과제는 내전이 종식된 엘살바도르를 발전시키기 위해 군대, 사법, 선거제도 등을 개선하고, 평화협정의 진정한 의미를 승계하는 의미에서 내전기간 동안 발생한 각종 인권유린 사태에 대한 과거청산을 실시하는 것이었다.

3) 엘살바도르 과거청산의 특징

엘살바도르 과거청산은 일반적인 시스템과 비교해 독특한 특징을 가지고 있으며, 이러한 이유로 인해 과거청산의 배경 역시 차별화된 모습을 보이고 있다. 여기서는 이를 뒷받침하는 범주로써 이행시점의 문제, 냉전과의 연관성, 과거청산의 본질을 분석하고자 한다.

(1) 이행시점의 문제

20세기 후반 이후 상당수의 국가는 '급격한' 정치적 변동을 겪은 후에 과거청산 시스템이 가동되었다. 보통 급격한 규모의 정치적 변화 혹은 민주주의 이행 시점이 발생한다는 것은 정권교체와 권위주의 정부의 몰락, 혁명 등 다양한 요소를 포함하고 있는데(García-godos 2010, 488), 해외의 사례를 통해 본 주요 국가의 과거청산 가동 시점은 다음과 같다.

<표 3> 주요 국가 과거청산의 특징

국가명	주요 이행시점	과거청산의 목적
아르헨티나	군부독재정권 → 1983년 민선 알폰신 정부 집권	'더러운 전쟁'(dirty war) 기간 동안 행불자 및 인권유린 사태 조사, 재발방지, 실종자국가위원회 구성
칠레	피노체트 정권 → 1990년 민선 아일윈 정부 집권	피노체트 정권 당시 행불자 및 인권유린 사태 조사, 재발방지 및 피해자 배보상, 진실화해국가위원회 구성
페루	2000년 후지모리 정부의 와해	1985년부터 2000년까지 후지모리 정부와 '빛나는 길' 사이의 무력분쟁에서 발생한 인권유린 사태 조사
남아공	1995년 만델라 정부 집권	아파르트헤이트 기간 동안 발생한 구금 및 행방불명, 인권유린 사건 조사, 진실화해위원회 구성
과테말라	명확한 이행시점 없음 (내전을 종식하기 위한 과정)	내전종식, 34년 내전 기간 동안 정부군과 반군 사이에서 발생한 인권침해 및 학살 사건들을 조사
콜롬비아	명확한 이행시점 없음 (내전 과정)	지속되고 있는 내전 중 '준군사조직'(paramilitary)의 무장해제와 피해자 배상 문제
엘살바도르	명확한 이행시점 없음(내전을 종식하기 위한 과정, 여당인 ARENA의 계속적 집권)	내전종식, 게릴라(FMLN)의 사회복귀, 1980년부터 1991년까지 12년 내전기간 동안 발생한 행불자 및 인권유린 사태 조사

위의 표에서 보는 바와 같이, 아르헨티나, 칠레, 페루, 남아공 사례의 경우는 과거청산 메커니즘이 적용될 수 있는 명확한 이행시점을 가지고 있다. 이들의 대부분은 독재 혹은 군사정권이 물러난 이후 새로운 정부 하에서 전(前)권력에서 발생하였던 인권유린 사태 및 폭력행위에 대해 과거청산을 실시하고, 나아가 사회제도 및 군대의 개혁 등을 통해 민주주의를 완성하는 시스템을 진행하였다. 물론 이 경우들에서도 철저하고 완벽하게 진행된 사법적 과거청산은 존재하지 않았지만, 특정 이행시점을 계기로 보다 나은 미래를 위한 과거청산 시스템이 가동된 것만은 분명하였다.

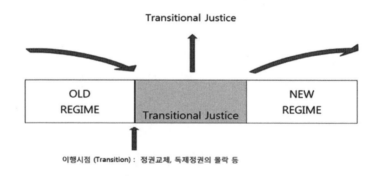

〈그림 2〉 엘살바도르 과거청산의 이행시점

하지만 엘살바도르를 비롯한 과테말라와 콜롬비아의 과거청산은 앞서 언급한 사례와 비교해볼 때 상당히 중요한 차이점을 가지고 있다. 가장 큰 차이점은 과거청산 시스템이 작동하기 전 중요하고 의미 있는 이행시점이 명확히 존재하지 않는다는 것이다. 예를 들어 콜롬비아는 내전의 종식과 정권교체 등 급격한 정치사회적 지형의 변화가 발생하지 않았지만, 민병대의 무장해제와 희생자의 권리를 위한 법률 975호[10]를 제정해 과거청산을 실시하였다(García-Godos and Andreas 2010, 488). 마찬가지로 엘살바도르의 경우에도 과거청산은 특별한 사회정치적 변화나 권력 구조의 이탈이 없는 가운데 발생하였다. 엘살바도르는 과거청산 시스템의 가동전과 직후 모두 미국의 원조를 받고 있던 우파정당 ARENA가 집권여당으로서 군림했고, 주요 개혁의 대상이었던 군대와 경찰, 사법부의 주요 인물 역시 변동된 사람이 거의 없었다.

물론 과거청산 시스템의 작동에 큰 범위에서의 공통점이 있을 수는 있으나, 개별 사례들이 반드시 그 경로에 포함되어야 하는 것은 아니다. 개별 사례들은 자신들이 처한 독특한 정치문화적 환경에 따라 무한한 특성을 보일 수 있는 것이 사실이다. 하지만 명확한 변동이 없는 상태에서 과거청산이 이루어진 원인은 타사회와 많은 사람들에게 충분히 호기심을 자극할 수 있다. 결국 엘살바도르의 사례에서도 과거청산의 특수성이 나타났음이 중요한 것이 아니라 그 원인에 대한 분석이 중요하다. 정치사회적 흐름을 고려할 때 엘살바도르의 과거청산은 사회내부적 요인보다 외부적 요인에 의해 시작되었다고 볼 수 있으며, 그 주요 원인은 냉전과 연관되어 있다.

(2) 냉전 극복으로서의 과거청산

엘살바도르와 과테말라가 위치한 중미는 20세기 이후부터 초강대국의 이권과 연관된 각축장으로 비춰진 것이 사실이다. 특히 파나마 운하와 중미 지역의 풍부한 농업시장은 미국을 위시한 강대국에게 상당히 매력적인 요소로 부상되었고, 이러한 요소들을 독점하기 위한 강대국의

---

10) 법률 975호의 정식 명칭은 'Law of Justice and Peace'로서 2005년 7월 25일 제정되었다.

투쟁으로 인해 중미의 국가들은 자국의 자주권을 행사하는 데 상당한 역경을 겪어야만 했다. 과테말라의 경우 1950년대 초반 농업개혁 정책을 실시하였던 중도좌파 아르벤스 정권이 미국의 반공산주의 성전(聖戰)의 제물이 되어 강제 축출되었다. 엘살바도르 역시 1979년 니카라과 산디니스따 혁명의 성공 이후, 도미노 현상을 막기 위한 미국의 피나는 노력으로 인해 중미의 대공산주의 진지의 거점이 되어버렸다.

사실 엘살바도르 내전의 발발 원인은 뿌리 깊게 자리잡고 있던 사회 내 빈부격차 및 토지문제로도 설명이 가능하지만, 그러나 이에 못지않게 상당 부분의 이유는 외적인 측면, 즉 냉전으로도 설명이 가능하다. 미국은 엘살바도르의 지정학적 조건을 중요시 여기며 우파적 성향의 엘살바도르 정부에 1970년대 이후부터 천문학적인 군사원조를 실시하였고, 이러한 정책은 1981년 레이건 행정부 출범 이후 더욱 강화되었다. 미국이 이토록 엘살바도르에 대한 지원을 아끼지 않은 이유는 단 한 가지, 공산주의로부터 라틴아메리카 전체를 방어하기 위함이었다. 이러한 미국의 행동과는 반대로 소련과 쿠바, 니카라과 등지의 '공산동지'들 역시 엘살바도르에 대해 지대한 관심을 가지고 있었다. 이들은 1970년대 초반 이후 엘살바도르 내 무장 게릴라 투쟁이 시작되자마자 FMLN의 영웅적 투쟁을 적극 지지하면서 이들을 위한 무기지원 등의 도움을 아끼지 않았다. 이러한 이유로 여러 학자들은 냉전하 진행된 다수의 내전을 '대리전'(proxy wars; Kalyvas, Stathis N. and Balcells, Laia. 2010, 416)이라 칭하기도 하였다. 결국 냉전의 대리전장으로 전락해버린 엘살바도르는 국민의 염원과 상관없이 진행되는 전쟁에 '내전'(內戰)이라는 다소 아이러니한 제목이 붙여진 채 갈등의 골은 더욱 깊어만 가고 있었다.

내전 초기 양 진영의 기세는 하늘을 찌를 듯하였다. FMLN은 니카라과 혁명의 모범을 따라 초기에 군사적 승기를 잡기 위해 공세에 고삐를

잡아당겼다. 1981년 1월 10일부터 전국의 관공서 및 산살바도르를 공격 목표로 한 '최후의 공세'는 바로 이러한 의지의 표명이었다. 엘살바도르 정부군 역시 내전 초기 정국을 주도하기 위한 다양한 작전을 실시하였다. 1981년 12월 6일부터 동북부 모라산 일대에서 진행된 게릴라 섬멸 작전은 당시 가장 대표적인 정부의 행동이었다(Danner 1993). 하지만 양측은 무력적으로 상대방을 완전히 진압하는 데 실패하였고, 결국 내전은 장기적인 공방전으로 접어들게 되었다.

그러나 내전이 장기전으로 돌입한 이후 돌발적인 국제정세의 변화를 겪게 되었다. 그것은 바로 소련의 해체, 곧 냉전의 표면적 해체였다. 1989년에 이르면 이미 소련은 뻬레스트로이카 정책을 펼치는 등 체제 붕괴의 조짐을 보이고 있었으며, 이러한 현상은 전형적인 동서냉전의 표본으로 여겨졌던 엘살바도르 내전에도 영향을 미쳐 더 이상 전쟁을 끌고 갈 수 없게 하는 주요한 원인이 되었다. 내전 초기부터 소련과 니카라과 등으로부터 무기 등을 지원받아온 FMLN은 동서냉전의 근본이 흔들리면서 가장 근본적인 지원세력을 잃어버리게 된 것이다. 냉전의 해체라는 현상은 FMLN의 상황뿐만 아니라 엘살바도르 정부 진영에도 많은 변화를 가져다주었다. 미국 정부는 소련이 패망한 이후 1980년대 초반과 같은 초대형급 지원을 중단하였고, 예전만큼 엘살바도르 내전에 관심을 가지지 않게 되었다.[11]

---

11) 컬리바스와 바셀은 1975년만 하더라도 대부분의 내전이 게릴라 전투로 진행되었으나, 1993년에 이르면 대부분의 내전이 게릴라전이기보다는 대포와 구식화기를 중심으로 한 정규전에 가깝게 진행된다고 분석하였다(Kalyvas, Stathis N. and Balcells, Laia. 2010. 415). 이것은 내전과 냉전의 관계에 대한 심도적인 분석으로서, 냉전 당시 게릴라전이 월등히 많았던 이유는 2대 강대국인 미국과 소련의 지역분쟁 지원이 그만큼 많았음을 의미하는 것이다. 엘살바도르 또한 이러한 분석 내용과 일치하는 경우라 할 수 있다.

결국 이러한 상황에서 FMLN과 엘살바도르 정부는 내전을 종식할 수 있는 가능성 있는 출구전략을 찾게 되었고, 그 와중에 유엔 중재에 의한 평화협정 체결을 계기로 과거청산을 실현하는 데 합의한 것이다. 즉 양측은 각자의 무력이 상대방을 완벽하게 압도하지 못하고, 전쟁에서 완벽하게 승리할 수 있다는 보장이 없었기에 '공격'보다는 '협의'라는 측면에 더욱 기대게 되었고, 때마침 발생한 냉전의 해체는 양측에 '협의'를 더욱 적극적으로 추진하게 만든 원동력이 된 것으로 보인다 (Munck and Kumar 1995, 160-164). 이러한 측면에서 볼 때 엘살바도르의 과거청산은 자국 내 거대한 정치적 격변과 같은 이행시점을 겪은 후 실시된 것이 아니라, 냉전의 해체와 같은 국제적 정세에 기반하여 진행되었다. 이 과정에는 엘살바도르 정부와 FMLN이 '대리전의 주체'로서 참여하였으며, 이를 적극적으로 지지하고 감시하기 위해 국제사회(유엔) 또한 중재자로서 참여하기도 하였다. 이와 같은 사례는 동일한 라틴아메리카 지역인 아르헨티나, 칠레, 페루 등과 비교해 보더라도 상당한 차이점을 가지고 있으며, 남아프리카 공화국, 차드, 우간다와 같이 과거청산이 진행된 타 대륙 국가와도 차별성을 보이고 있다. 엘살바도르와 유사한 경우는 같은 중미에 속해 있으면서 냉전의 영향을 함께 받았던 과테말라가 거의 유일하다.

(3) 진실위원회와 과거청산의 기능

진실위원회(Nat'l Commission for the Consolidation of Peace)[12]의 설치는 엘살

---

12) 엘살바도르 진실위원회는 1991년 4월 27일, 크리스티아니 정권과 FMLN이 군대와 사법제도, 선거제도 등의 개혁을 골자로 한 헌법 개정안인 '멕시코 협정'(Mexico agreement) 체결 당시 처음으로 제기되었다. 당시 협정에서 제기한 진실위원회 설치의 이유는 사회적 불안을 조장한 중요한 사건을 조사하고, 국가적 화합을 이루기 위한 것이었다. 이후 1991년 9월 크리스티아니 정권과 FMLN은 '뉴욕협정'(New

바도르 과거청산 과정에서 DDR의 실행과 더불어 핵심과제였던 과거청산을 의미하는 대명사였다. 1992년 7월 출범한 진실위원회는 1980년부터 1991년까지 발생한 주요 폭력 및 인권침해 사례[13]에 대해 조사를 실시하였고, 이후 조사결과를 바탕으로 폭력 사건들이 다시 재발하지 않도록 법적, 정치적, 행정적으로 권고할 수 있는 권한을 부여받았다. 위원회는 모두 3명의 위원으로 구성되었는데, 정치적 중립성을 지키기 위하여 모두 외국인으로 선정되었다. 3명의 위원은 전 콜롬비아 대통령이었던 벨리사리오 베탕쿠르(Belisario Betancur)와 전 베네수엘라 외교장관이었던 라이날도 피게레도 플란차르트(Reinaldo Figueredo Planchart), 미국의 조지워싱턴대 법학 교수이자 '국제 정의 법정'(International Court of Justice)의 판사인 토마스 버겐탈(Thomas Buergenthal)이었다. 엘살바도르 진실위원회는 총 8개월 동안 20여 명의 조사관[14]이 인권유린 및 학살과 연관된 심각한 폭력사건을 조사하였고, 조사결과 12년 내전기간 동안 약 75,000명의 무고한 민간인이 목숨을 잃었으며 약 400,000명의 난민이 발생하였다는 최종보고서[15]를 작성하였다. 또한 최종보고서에는 폭력사건 95%의 최종 책임이 엘살바도르 정부에 있으며, 향후 이와 같은 폭력의 발생을 방지하기 위하여 몇 가지 중요사항을 권고하였는데, 권고목록에는 중대한 폭력행위에 연루된 군인 및 공직자의 해임, 대법원과 전국법관

York Agreement)을 통해 진실위원회 설치에 동의하였다.

13) 진실위원회가 조사한 세부적인 사건 항목은 다음과 같다. a) 군대에 의한 대규모 민간인 학살 b) 국가기구에 의한 불법적인 처형 c) 암살단에 의한 암살 d) 행방불명 e) 국가기구에 의한 고문 f) FMLN에 의해 자행된 학살 및 납치사건

14) 엘살바도르 진실위원회는 객관성을 담보하기 위해 전체 직원들 역시 전원 엘살바도르인이 아닌 외국인으로 고용하였다.

15) 1993년 3월 15일 발간된 최종보고서의 공식명칭은 '광기에서 희망으로'(From Madness to Hope)이다. 이 보고서는 각각 영문판과 스페인어 판으로 최종 제작되었다.

회의와 같은 기존 사법제도의 개혁, 중대 폭력행위자에 대한 형벌 부과, 군대의 개혁, 보안부대의 해산과 같은 공안영역의 개혁, 국립시민경찰의 창설, 국민적 화해를 위한 피해자 배보상 실시와 같은 내용들이 포함되었다.

그러나 최종보고서가 발간되자 엘살바도르 군부는 보고서를 '정당성과 완전성이 결여된 불법적'인 것으로 간주했으며, 진실위원회가 엘살바도르 폭력의 기원이 공산주의자들의 공격 때문이라는 것을 간과하고 있다고 비난하였다. 또한 대통령이었던 크리스티아니 역시 진실위원회의 활동이 국민적 화해를 이끌어내는 데 실패했다고 단언하면서, 중요한 사실은 '과거를 잊고 용서'하는 것이라 말하였다. 결국 진실위원회의 권고사항은 제대로 이행되지 못할 상황에 봉착하였고, 보고서가 발간된지 5일이 지난 1993년 3월 20일 '대사면법'이 제정됨으로써 폭력행위 가해자들을 처벌할 수 있는 기회는 완전히 사라지게 되었다. 이처럼 엘살바도르의 과거청산은 과거청산과 관련한 부분에 있어서 커다란 성공을 거두지 못한 것이 사실이다. 내전기간 발생하였던 폭력행위 가해자들의 대부분은 진실위원회의 권고에도 불구하고 처벌을 받지 않았다. 오히려 가해자들은 내전이 종식된 이후에도 여전히 지배권을 행사하고 있었고, FMLN이 제도권 정당으로 탈바꿈해 사회로 흡수된 것 이외에 큰 변화는 없었다.

이러한 과거청산의 부실성은 사실 진실위원회가 구성될 때부터 많은 사람들에 의해 예측된 것이기도 하였다(Popkin 2004, 1). 왜냐하면 명확한 이행시점 없이 권력의 구조가 폭력행위 가해자에게 그대로 유지된 채 실시된 과거청산은 누구나 그 결과를 가늠할 수 있었기 때문이다. 또한 이러한 예측은 제도적으로도 충분히 예상할 수 있었다. 엘살바도르 진실위원회는 출범 때부터 주요 가해자에 대한 기소권이 보장되어 있지 않았다. 즉 진실위원회에서 과거의 잘못된 사건을 조사하였다 할지라도, 이 사건에 연루된 가해자 및 책임자를 위원회가 스스로 기소하거나 처벌할 수 없다는 것을 말한다.[16] 이와 같이 진실위원회가 가해자 처벌과 관련해 소극적인 입장을 취한 것은 당시 엘살바도르 사법 구조의 핵심 인물들이 인권침해를 부추기거나 직접적으로 가해를 한 사람들이었다는 이유도 분명히 존재하고 있었다(EAAF 2006, 92).

그렇다면 과거청산 이후 후속조치들이 제대로 이행되지 못할 것임을 예감한 가운데 과거청산을 위한 진실위원회 설치를 고집한 이유는 무엇이었을까? 그 이유는 무엇보다도 12년간의 내전 기간 동안 쌓인 양측의 불신에 기인한다. 엘살바도르 정부와 FMLN은 냉전과 내전을 극복하기 위해 평화협정이라는 거대한 정치적 이행 기점을 만들고자 노력하였으나, 이러한 노력에 가장 큰 장애물로 등장한 것은 상당하게 축적된 서로에 대한 불신이었다. 이들의 불신은 내전 이전부터 지속된 서로에 대한 각종 암살과 학살, 테러, 정치인 납치, 고문, 실종자 문제 등으로 인해 발생하였고, 특히 엘살바도르 정부군의 대규모 민간인 학살과 FMLN의 주요 정치인 및 가족의 납치로 인해 상황은 더욱 악화되었다. FMLN과 엘살바도르 정부 양측은 이미 평화협정을 체결하기 위한 사전 준비모임에서도 서로에 대한 불신을 받아들일 수 없다는 이유로 유엔의 중재안을 받아들인 바 있다. 이러한 상황에서 불신을 해소하기 위한 별다른 조치 없이 단순히 평화협정만을 진행시킬 경우, 협정이 완료된 이후에도 미래로 나아가기 위한 새로운 발전방안을 쉽게 기대할 수는 없었을 것이다. 그러므로 양측은 평화협정 이전에 상호간의 불신을

---

16) 이러한 상황 속에서도 진실위원회는 군 고위층과 사법기관 고위층들의 이름을 공개하여 주목을 끌었으며, 여기에서는 40명이 넘는 고관들과 군 장교들의 명단, 국방장관, 최고재판소장의 이름도 거론되고 있었다.

없애버릴 수 있는 명확한 이행시점을 원하였다. 또한 이행시점의 창조는 불신을 해소한다는 측면 이외에 부가적인 이득을 가져다줄 수도 있었다. 가령 명확한 이행시점 없이 종결된 내전은 외부로부터 정당성을 얻는 데 상당히 불리하며, 내부적으로도(특히 FMLN) 권력구조의 획기적 변화를 기대할 수 없었다. 하지만 이행시점이 명확해지면 내외부적으로 평화협정의 정당성이 더욱 확보될 수 있고, 이러한 이행시점을 이용하여 안착화된 권력구조를 변혁하는 것도 가능하였다.

결국 양측은 평화협정 체결에 명확하고 확실한 이행시점을 명기함으로서, 누구나 협정의 이전과 이후가 확연하게 구분된다는 것을 보여주는 전략에 합의하였다. 이를 위한 실천 방안이 과거청산, 곧 진실위원회의 설치였다. 양측은 과거의 명확한 청산을 위해 진실위원회 설치에 합의했으며, 특히 FMLN은 DDR의 실행과 더불어 진실위원회가 설립되어 내전 기간 동안의 폭력행위에 대해 과거청산을 실시해야 함을 협상기간 동안 줄곧 강조하였다. 이처럼 FMLN이 진실위원회 설치에 더욱 적극적이었던 이유는 정부군에 의한 인권유린이 더욱 많았다는 것도 원인이 되겠지만, 과거청산을 통해 의도적으로나마 이행기의 정치적 환경을 조성하기 위함이었다. 결과적으로 엘살바도르의 과거청산은 이행기를 통해 구현된 것이 아니라, 명확한 이행기를 조성하기 위해 실시되었다는 특징을 가진다. 여기서 과거청산이 완벽한 사법적 처벌까지 구현된다면 더욱 좋겠지만, 설사 그렇지 않다 할지라도 엘살바도르 과거청산을 더욱 공신력 있게 만드는 기제로 작용할 것은 자명한 사실이었다.

4) 소결

내전이 종식된 1994년 3월 20일, '세기의 선거'라 알려졌던 국회의원 선거에서 FMLN이 게릴라의 이미지를 탈피하고 총 21개의 의석을 차지함으로서 집권 여당인 ARENA에 맞서는 제1야당의 지위를 획득하였다. 이후 2009년 엘살바도르 대통령 선거에서도 ARENA와 FMLN은 동일한 권력구도와 정치기반을 고수하였다. 즉 ARENA는 여당으로서 신자유주의 정책을 강조한 반면에, FMLN은 민영화와 달러공용화 등에 대해 반대 의견을 표명하였다. 이러한 정책적 특성에 기반하여 ARENA는 FMLN이 집권하게 되면 엘살바도르는 '또 하나의 베네수엘라'로 바뀌게 될 것이라고 선전하였고, 이러한 여파로 좌파 내부에서는 선거일 며칠 전부터 미국이 선거에 개입하여 FMLN의 푸네스 후보가 낙선하게 될 것이라는 소문 등이 파다하게 나돌았다(Greene and Stacy 2009, 668). 하지만 푸네스 후보는 이전부터 그러하였듯 '강경한 좌파'는 아니었다. 그는 대통령 후보 때부터 달러공용화와 사유재산, 그리고 FTA(CAFTA 포함) 등을 존중하거나 계속 실행할 것을 약속했으며, 마치 브라질의 룰라(Lula da Silva) 전 대통령과 같이 자유시장 정책을 고수하며 미국과도 대화할 것을 언급하였다(Azpuru 2010, 112-113). 결국 선거에서 푸네스는 승리했으며, 이 승리는 1821년 스페인으로부터 독립한 이후 최초로 엘살바도르에 '비주류' 집단이 정권을 장악하였다는 것을 상징하게 되었다.

2014년, FMLN이 정권을 장악한 지 5년이 흘렀고 새로운 대통령 선거가 엘살바도르에서 치러져 FMLN이 재집권을 하였으나[17], 사회

---

17) 엘살바도르의 야당인 '전국공화연합'(ARENA)은 2014년 3월 치러진 대통령선거에서 자신들의 후보였던 노르만 키하노 후보 측이 0.22% 차로 패했음을 3월 27일 공식적으로 인정하였다. 이로써 집권 여당인 '파라분도 마르티 민족해방전선'

가 갑자기 붕괴할 것 같은 이상기류는 감지되고 있지 않다. 이것은 곧 1980~1990년대 내전의 터널을 벗어난 엘살바도르 사회가 발전과 상승의 '반환점'을 통과해 진보하고 있음을 보여주는 한 사례라 할 수 있다.[18] 이러한 엘살바도르의 반환점을 설명하는 데 있어서 과거청산은 결정적 역할을 수행했다고 볼 수 있다. 특히 내전을 종식하기 위한 과정에서 실시된 과거청산은 '고리타분'한 과거 사실의 답습으로 인해 국론을 분열시키고 가해 책임자들에 대한 처벌이 절대 이루어질 수 없다는, 이른바 '과거청산 무효용성' 이론에 색다른 교훈을 제공해주고 있다. 즉 과거청산의 본질적 목표가 '과거에 대한 집착'이나 가해자에 대한 처벌로 규정될 수 있지만, 좀 더 특이한 사례로서 과거청산의 실시 자체가 국가의 '미래 발전전략'으로서 기능할 수 있다는 것이다. 이것은 엘살바도르 과거청산의 가장 중요한 특징의 하나로서, 세계의 과거청산 사례 중 상당히 특이한 유형으로 기록될 수 있다.

이상을 통해 볼 때, 엘살바도르 과거청산 사례는 전 세계 유일한 냉전 지역이면서 엘살바도르와 유사하게 명확한 이행시점을 겪지 않았지

(FMLN)의 살바도르 산체스 세렌 후보의 당선이 완전히 결정되었다. ARENA는 성명에서 "민주주의를 수호하고 헌법을 존중한다는 의미에서 투표 결과를 받아들이겠다"며 "우리는 정부를 감시하고 법을 수호하는 것을 지켜볼 것"이라고 밝혔다. 키하노 후보는 2014년 2월 9일 치러진 결선투표에서 0.22%로 패한 뒤 투표의 집계가 중복으로 된 것이 있다며 법원에 항소했으나 법원은 '근거 없다'고 판결하면서 기각하였다. 한편 새롭게 대통령에 당선된 살바도르 산체스 세렌은 엘살바도르 내전 (1980~1992년) 당시 게릴라 사령관을 지냈으며, 이후 FMLN이 정당으로 변신한 후에는 부통령까지 오른 인물이다. 그는 화려했던 전력에 비해 상당한 온건파로 알려져 있으며, 조만간 몇몇 중미 국가를 다녀온 뒤 오는 6월초 미국을 방문할 예정이다.

18) 물론 이 부분에 대해 모든 학자들이 공감하는 것은 아니다. 대표적으로 까스따네다와 같은 학자는 엘살바도르의 과거청산 이후 인권문제와 정치참여 문제는 높은 수준으로 향상되었지만, 사회통합 자체는 상당히 실패하였음을 말하고 있다 (Castaneda 2003, 1).

만, 약 5년간 진실화해위원회를 운영하며 과거청산을 실시하였던 한국에게 한반도의 평화와 과거청산을 함께 고려할 수 있는 중요한 교훈을 줄 수 있을 것으로 기대된다. 이를 위해서는 독특한 사례를 보여주고 있는 엘살바도르와 중미 국가(과테말라 등)의 과거청산에 대한 보다 포괄적인 비교분석이 향후 필요하며, 또한 엘살바도르가 과거청산을 합의하게 된 원인에 대해 냉전과 내전종식의 측면에서 간략히 서술하였지만, 보다 심도 깊은 사회문화적 측면에서 합의의 원동력이 무엇이었는가를 고찰해볼 필요가 있다.

엘살바도르 민주화 운동의 역사 로메로 신부
(Óscar Arnulfo Romero y Galdámez)

❦

중미에 위치한 작은 국가 엘살바도르는 전 세계인의 주목을 받을 만한 요소가 역사상 그다지 없었다. 한국의 경상남북도를 합한 면적보다 약간 크며 인구는 600여 만 명에 불과한 엘살바도르는 라틴아메리카 정치 및 경제에서도 항상 변방에 속할 수밖에 없었다. 이러한 엘살바도르가 전 세계인의 가장 큰 집중을 받은 적이 있다면 그것은 아마 1980년부터 시작해 1992년에 종결된 엘살바도르 내전 때문일 것이다. 엘살바도르 내전은 전 국토 토지의 절반 이상을 소수 귀족 가문이 소유한 채 극심한 빈부 격차를 조장하고 있었던 엘살바도르 경제에 일차적 원인이 있었다. 권력 및 재산의 소유권에서 배제된 대다수 엘살바도르 민중의 극심한 허탈감은 무장 게릴라 운동으로 발전하였으며, 이에 맞서 지배세력은 군부를 앞세워 이를 탄압하는 데 모든 역량을 집중하였다. 1932년 엘살바도르 남서부 지방을 중심으로 민중봉기를 일으켰던 파라분도 마르티(Farabundo Martí)의 정신을 계승한다는 의미에서 '파라분도 마르티 민족해방전선'(Frente Farabundo Martí para la Liberación Nacional, 이하 FMLN)으로 명명된 무장 게릴라 조직은 산악지형이 험난한 동북부의 모라산(Morazan) 지역을 거점으로 본격적인 반정부 투쟁에 돌입하였고, 군부를 위시한 엘살바도르 정부는 이를 진압하는 데 총력을 기울였다. 하지만 엘살바도르 내전의 본질은 위의 두 집단이 무력으로 대립했다는 데 있는 것이 아니라, 위의 두 집단 충돌에 동서 냉전의 파괴적 이데올로기가 적극적으로 개입했다는 데 있다. 엘살바도르 내전은 20세기 중후반 전 세계에서 발생한 동서 냉전의 '대리전'으로서 가장 악명이 높았으며, 미국과 소련은 각각 엘살바도르 군부와 FMLN에 천문학적인 군사지원 및 원조를 실시하였다. 특히 미국은 1970년대 후반부터 중미지역에서의 '도미노 현상'을 저지하기 위해서 엘살바도르 군부에 막대한 군사자금 및 군사활동 보조를 실시하였다. 엘살바도르 내전에서 이러한 동서 냉전의 측면 효과를 누구보다 피부로 느낀 이들은 바로 엘살바도르 민중이었다. 내전의 명분이 점차 '국제적'으로 확대되면서 엘살바도르에 투입된 수많은 군사원조의 피해 결과가 엘살바도르 민중들에게 집중되기 시작한 것이다. 엘살바도르 정부는 군사원조금을 이용해 각종 민병대 조직 및 '특수 암살단'(death squad)을 운용했으며, 이들의 활동으로 말미암아 엘살바도르의 수도인 산살바도르 시내에는 날마다 테러의 희생자와 실종자들이 발생하기 시작하였다.

로메로 신부는 이러한 격동의 시기에 엘살바도르 민중의 가슴에 우뚝 서 있었다. 그는 1917년 5월 엘살바도르 산 미구엘의 바리오스 시에서 태어났으며, 초중등 교육 과정을 수료한 후 로마의 그레고리안 대학에서 신학을 전공하였다. 이후 1942년 4월 4일 로마에서 사제 서품을 받은 로메로는 신학에서 박사학위를 받기 위해 계속 로마에 머무르게 된다. 하지만 이 과정을 마치기 전인 1943년, 로메로는 당시 제2차 세계대전의 여파로 이탈리아의 파시즘을 피해 잠시 귀국길에 오르는데, 돌아오는 과정에 쿠바 경찰에 의해 억류되어 감금되기도 하였지만 무사히 고국으로 돌아올 수 있었다. 이후 로메로는 아나모로스(Anamorós) 교구 사제로 성직 생활을 시작하지만, 곧 산 미구엘로 위치를 옮긴 후 20년 동안 성직자의 길을 걷게 된다. 그러다 1970년, 로메로는 산살바도르 루이스 차베스 주교의 보조 주교로 임명되었다. 하지만 당시 로메로의 부주교 임명에 대해 엘살바도르 교회 내부의 의견은 상당히 부정적인 것이 사실이었다. 특히 엘살바도르의 진보운동을 주도하고 있던 모든 성직자들은 로메로의 임명이 교회의 진보적 발전을 방해한다고 생각한 것이 대부분이었다. 이러한 경향은 1977년 2월 23일 로메로가 엘살바로드 대주교로 임명되었을 때도 마찬가지였다. 당시 엘살바도르 교회는 로메로의 대주교 임명에 상당히 놀라고 실망하는 기색이 역력하였다. 로메로가 대주교로 임명된 것을 반기는 측은 당시 군부의 비호하에 있던 엘살바도르 정부뿐이었다. 이처럼 1977년까지만 해도 로메로는 진보 혹은 좌파라는 용어와 혼합되기보다는 보수와 원칙으로 알려진 인물이었다. 당시 라틴아메리카에는 혁명적 민중운동을 견지하고 있던 수많은 해방신학자들이 교회 내부에 퍼져 있을 때였다. 엘살바도르의 상황도 여느 다른 나라와 비교하여 크게 다르지 않았으며, 이러한 상황에서 막시즘을 신봉하는 급진 좌파 신부들은 특히 로메로의 임명에 대해 우려의 목소리를 낼 수밖에 없었다.

하지만 로메로의 인생은 공교롭게도 1977년을 기점으로 전환점을 맞이하게 된다. 진보적인 예수회 사제이자 로메로의 친구였던 루띨리오 그란데(Rutilio Grande)는 빈민들 사이에서 직접 활동하며 그들을 위해 투쟁하던 신부였다. 빈민구제를 위해 헌신을 다하던 그는 1977년 3월 12일 괴한의 무리에 의해 암살을 당하게 된다. 루띨리오의 죽음은 로메로에게 상당히 큰 충격으로 다가왔다. 로메로는 후에 루띨리오의 죽음이 자신에게 얼마나 큰 영향을 미쳤는가를 회고하며, "만약 그들이 루띨리오가 하던 일 때문에 그를 죽였다면, 나 또한 그와 같은 길을 걸을 것이다"라고 적고 있다. 여하튼 1977년 이전에는 상당히 보수적인 사제로 평가받던 로메로는 이 사건을 계기로 자신의 삶의 방향을 상당히 바꾸게 된다. 그는 즉각적으로 루띨리오의 죽음에 대해 조사할 것을 엘살바도르 정부에 요구했다. 하지만 그의 요구는 정부에 의해 철저히 묵살되었고, 당시 엄청난 검열을 받고 있던 언론마저 이 사건에 대해 침묵하였다.

로메로는 이후 엘살바도르 교회가 가진 자들의 비호 기관으로 운영되던 전통적 관행을 없애고 좀 더 민중과 함께할 수 있는 방향으로 바꾸기 위해 노력한다. 1979년 엘살바도르의 우익 민병대와 암살단들이 수많은 인권침해와 폭력을 자행하는 과정에서 군부가 다시 정권을 잡게 되었으며, 이를 계기로 엘살바도르 내전이 본격화되었다. 로메로는 이와 같은 상황에서 무엇보다 엘살바도르의 인권침해가 발생하는 원인이 미국의 군사원조에 있다고 보고 당시 지미 카터 미 대통령에게 경고 서한을 보내었다. 그는 편지에서 미국으로부터 흘러 들어오는 많은 군사원조금이 수많은 엘살바도르 민중을 탄압하고 인권을 침해하는데 활용되고 있으므로, 당장 원조를 중단해야 함을 강력하게 요구하였다. 하지만 미국 정부는 로메로의 경고 서한을 무시했으며, 엘살바도르가 '또 하나의 니카라과'가 될 수 있다는 명분하에 계속적인 군사지원을 강행하였다. 이후로도 로메로 신부는 엘살바도르의 인권침해와 국가폭력에 대해 비난의 수위를 높여갔다. 그는 빈민들을 위해 운동하던 교회 사제들의 구속기소에 반대하였으며, 국가 전역에서 발생하고 있는 암살과 실종, 인권침해 문제를 근본적으로 해결하기 위해 종교인의 범주를 넘어선 부분까지 적극적으로 활동하였다. 이러한 그의 활동 중 대표적인 것이 라디오 방송 설교였다. 그는 일주일마다 엘살바도르 전역에 걸쳐 방송되는 라디오 방송을 실시했으며, 그 방송에서 실종자들과 고문자들, 살인자들에 대해 말하며 엘살바도르 정국에 대해 심도 깊은 설교를 하였다. 마틴 루터 킹과 마하트마 간디의 설교와 나란히 놓이는 그의 강론은 전국으로 중계되었고, 월드컵 축구를 제외하고는 최고의 청취율을 기록하게 되었다.

결국 이러한 로메로 신부의 활동은 엘살바도르 군부 및 우익 집단들에게 상당한 부담으로 다가오게 되었으며, 그의 활동을 영원히 중지시켜야 한다는 기운이 돌기 시작하였다. 이때부터 로메로 신부에 대한 암살 위협이 공공연하게 시도되었다. 1980년 3월 24일, 로메로 대주교는 산살바도르 '신의 섭리' 병원에서 미사를 집전하던 중 극우 군부세력에 의해 암살되었다. 당시 그의 나이는 60세였으며 자신의 커다란 인생의 방향을 바꾼지 3년째 되던 해였다. 전 세계는 곧바로 로메로 대주교 암살과 관련해 엘살바도르 정부를 비난하는 목소리를 내기 시작하였다. 하지만 엘살바도르 정부는 암살자의 체포와 사건 조사에 성의를 보이지 않았다. 1980년 3월 30일, 산살바도르 대성당 앞에는 로메로 대주교의 장례식이 전 세계에서 몰려든 250,000명의 인파와 함께 치러졌다. 이 당시 참석자들은 '그는 여전히 살아 있다'는 플래카드와 사진을 들고 나와 침묵시위를 벌였고, 이에 엘살바도르 군부는 연막탄과 총기 난사를 통한 진압 작전을 실시하여 시민과 기자 등 30~50여 명이 사살되는 결과를 가져왔다. 로메로 대주교의 죽음 이후 엘살바도르 정국은 급격히 얼어붙었고, 내전 또한 더욱 격화되는 결과를 가져왔다.

종교인으로서 누구보다 극적인 삶을 살았던 로메로 대주교의 일생은 사망 이후에 많은 영화 및 소설의 배경이 되었다. 1986년 올리버 스톤 감독에 의해 제작된 영화 〈살바도르〉는 엘살바도르 내전의 참상에 대해 다루고 있는데, 이 영화 중 로메로 대주교의 암살 장면이 등장한다. 또한 1993년 존 듀이건 감독은 로메로 대주교의 일대기를 그린 영

엘살바도르 중앙 성당의 전경
산살바도르 센트로에 위치한 엘살바도르 중앙성당에서는 매년 3월 24일,
로메로 대주교의 기일이 되면 각종 집회와 행사를 마련해 그의 행적을 기리고 있다.

화 〈로메로〉를 제작하였다. 한국인들에게 로메로 대주교는 1988년 국내 개봉하였던 영화 〈살바도르〉를 통해 널리 알려지게 되었다. 당시 한국인들 역시 군사정권 치하에 있었고, 광주 민주화 운동의 진실이 규명되지 않은 상태라 영화를 통해 엘살바도르의 실상을 보며 한국의 상황을 새롭게 돌아보는 계기가 되었다.

2013년 엘살바도르는 일찌감치 내전을 종식하고, 내전 당시 무장게릴라 집단이었던 FMLN이 수권 정당으로 탈바꿈해 있다. 멀게만 느껴졌던 엘살바도르의 민주화가 어느 정도 정착되었으며, 새로운 발전을 위한 희망을 안게 된 것이다. 이러한 엘살바도르 발전의 가능성 밑에는 로메로 대주교의 크나큰 노력과 희생이 있었음을 전 세계인들은 아직까지 기억하고 있다.

"저는 자주 죽음의 위협을 느꼈습니다. 그러나 그들이 저를 죽일 때 저는 엘살바도르 사람들의 가슴에 다시 살아날 것입니다. 제가 흘린 피는 자유의 씨앗이 되고 희망이 곧 실현되리라는 신호가 될 것입니다. 사제는 죽을지라도 하느님의 교회인 민중은 영원히 죽지 않을 것입니다."

| 참고문헌 |

곽재성 2007, 「과거청산의 국제화와 보편적 관할권의 효과」, 라틴아메리카 연구 Vol.20, No.2, pp.

이재승 2002, 「이행기의 정의」, 법과 사회 Vol. 22, 서울: 동성출판사.

『주간조선』 2005. 1869호.

Azpuru, Dinorah. 2010, "The salience of Ideology: Fifteen Years of Presidential Elections in El Salvador", *Latin American Politics & Society*, Vol.52, No.2, pp.103-138.

Castaneda, R. G. 2003, *El Salvador's Democratic Transition 10 Years after the Peace Accord*. Woodrow Wilson International Center for Scholarswww.wilsoncenter.org (2011.6.2).

Danner, Mark. 1993, *The Massacre at El Mozote*. New York: Vintage Books.

EAAF. 2006. *Annual Report 2005.*

Foster, Lynn V. 2007, *A Brief History of Central America*. New York: Checkmark Books.

García-Godos, Jemima and Andreas O. Lid, Knut. 2010, "Transitional Justice and Victims' Rights before the End of a Conflict: The Unusual Case of Colombia", *Journal of Latin American Studies* Vol.42, No.3, pp.487-516.

Greene, Samuel R, and Keogh, Stacy. 2009, "The Parliamentary and Presidential Elections in El Salvador", *Electoral Studies* Vol.28, pp.666-669.

Hayner, Priscilla B. 2002, *Unspeakable Truths: Confronting State Terror and Atrocity*, New York: Routledge.

_____2006, "Truth Commissions: a Schematic Overview", *International Review of the Red Cross*, Vol.88, No.862.

Kalyvas, Stathis N. and Balcells, Laia. 2010, "International System and Technologies of Rebellion: How the End of the Cold War Shaped Internal Conflict", *American Political Science Review*, Vol.104, No.3, pp.415-429.

Munck, Gerardo L. and Kumar, Chetan. 1995, "Civil Conflicts and the Conditions for Successful international intervention: A Comparative Study of Cambodia and El Salvador", *Review of International Studies*, Vol.21, pp.159-181.

Popkin, Margaret. 2004, "The Salvadoran Truth Commission and the Search for Justice", *Criminal Law Forum* 00, pp.1-20.

Roht-Arriaza, N. 2006, "The New Landscape of Transitional Justice", *Transitional Justice in the Twenty-First Century-Beyond versus Justice*, New York: Cambridge University Press.

Segovia, Alexander. 2009, Transitional Justice and DDR: The Case of El Salvador. International Center for Transitional Justice www.ictj.org (2011.5.20).

Studemeister, Margarita S(ed). 2001, El Salvador -Implementation of the Peace Accords-. United States Institute of Peace www.usip.org (2011.4. 28).

Teitel, Ruti G. 2000, *Transitional Justice*. New York: Oxford University Press.

Truth and Reconciliation Commission, Republic of Korea. 2009, *Truth and Reconciliation-Activities of the Past Three Years-*.

United Nations. 1993, *From Madness to Hope: the 12-year war in El Salvador -Report of the Commission on the Truth for El salvador(English Version)*.

3

___

학살의 진실과 기념
: 엘살바도르 엘모소떼 학살의 사례

평화와 인권의 상징이 된 엘모소떼 학살지역

엘살바도르 동북부에 위치한 모라산은 내전 당시 FMLN의 거점지역이었으며, 이로 인해 많은 학살과 인권유린이 발생한 지역이기도 하다. 이 중 엘모소떼 학살은 전 세계에 가장 알려진 사건 중의 하나이다. 현재 엘모소떼 학살 지역은 유적지로 선정되어 많은 관광객과 참배객들이 방문하고 있는 곳이 되었다.

1) 엘모소떼 학살과 엘살바도르 과거청산

앞선 장에서 밝힌 바와 같이 엘살바도르는 1992년 내전 종식을 기점으로 현재 집권 여당인 FMLN과 제1야당인 ARENA가 내전 당시 서로 총구를 겨냥했던 분쟁의 당사자에서 제도적 정당정치의 파트너로 그 모습을 바꿀 수 있었다. 이와 같이 내전종식은 현재 엘살바도르의 민주주의 발전의 초석을 다지는 데 가장 중요한 동력이 되었으며, 구체적인 내전종식의 내용은 '평화협정'(Peace Accord)이라는 형태로 외형화되었다. 또한 엘살바도르 정부 측과 FMLN은 1991년 4월 27일 멕시코시티에서 진행된 '멕시코 평화 협정'(Mexico Peace Agreements)[1]에서 내전 기간 발생한

---

1) 엘살바도르 내전 종식을 위한 협의는 약 3년에 걸쳐 진행되었으며, 몇 개의 중요한 협정들을 점진적으로 체결함으로써 종국적인 평화에 돌입하게 된다. 멕시코 평화 협정은 이 중 하나이며, 전체적인 협정 과정 및 주요 내용은 다음과 같다.
  A) 제네바 협정(Geneva Agreement) : 크리스티아니 정부와 FMLN이 1990년 4월 제네바에서 '정치적 수단에 의한 무력사태 종식, 민주화 도모, 인권존중, 엘살바도르 사회의 재통합'이라는 기치하에 실시한 협정이다.
  B) 까라까스 협정(Caracas Agreement): 1990년 5월, 베네수엘라의 수도 까라까스에서 진행되었으며 협상의제 및 시한 일정에 대한 합의를 도출하였다.
  C) 산호세 협정(San Jose Agreement): 1990년 7월, 인권 존중 등에 대한 내용을 골자로 실질적 합의를 이끌어낸 협상이었다.
  D) 멕시코 협정(Mexico Agreement): 1991년 4월, 인권 존중 등을 내용으로 하는 합의, 군대, 사법, 선거제도 개혁을 골자로 하는 헌법 개정안을 합의하였다.

인권유린과 학살 사건을 덮어둔 채 평화가 올 수 없으며, 반드시 이에 대한 청산이 필요하다는 데 의견 일치를 보았다. 이에 양측은 향후 엘살바도르 진실위원회(The Commission on the Truth for El Salvador, 이하 진실위원회)를 출범시켜 사건을 세부적으로 조사하고, 조사된 내용들은 내전 종식 후 민주주의로의 이행을 기원하는 엘살바도르 국민들에게 미래를 지향하는 척도로 활용하고자 하였다.

이러한 엘살바도르 과거청산 과정에서 내전 초기였던 1981년 12월 동북부 모라산(Morazán) 지역의 엘모소떼(El Mozote)에서 게릴라 근거지의 소멸이라는 미명하에 자행된 대규모 민간인 학살은 단연 중요한 의제 중의 하나로 상정되었다.

엘모소떼 학살은 엘살바도르 정부군이 1981년 12월 10일부터 12일까지 어린이, 여성을 포함한 마을 주민 400여 명을 게릴라 동조자로 간주해 살해한 사건으로서, 라틴 아메리카 역사상 단일 지역에서 발생한 가장 큰 규모의 학살로 기록되고 있다. 하지만 이 학살은 발발 직후부터 약 10여 년간 엘살바도르와 가장 강력한 군사동맹국이었던 미국의 부인 속에 철저히 은폐되었고, 1993년 진실위원회의 조사가 있기 전까지 세상에 공식화된 기록으로 존재할 수 없었다. 진실위원회는 엘모소떼에 대한 유해 발굴을 실시하여 참혹했던 사건의 전말을 공개하였는데, 이를 통해 엘살바도르 내부에서는 참혹한 비극의 재발 방지와 민주주의 수립에 대한 새로운 각성이 일어나기 시작했다.

이 장에서는 먼저 라틴 아메리카 역사상 가장 참혹한 마을 학살이

E) 뉴욕 협정(New York Agreement): 1991년 9월, FMLN의 제도적 수용원칙에 대한 합의 등을 골자로 진행된 협정이다.

F) 차뿔떼뻭 협정(Chapultepec Agreement): 1992년 1월, 멕시코시티 차뿔떼뻭 (Chapultepec) 성에서 체결된 최종 평화협정을 말한다.

었지만 수년간 은폐되었던 엘모소떼 학살의 전모를 소개하면서 어떠한 배경하에서 학살이 발생하게 되었는가를 기술하고자 한다. 또한 사건 발발 이후 진실을 규명하기 위한 각종 노력들과 이를 저지하고자 하는 세력들의 관계를 기술하면서, 엘모소떼 학살이 단순히 엘살바도르 내부의 국내사건으로만 치부할 수 있는 것이 아니라, 보다 광범위하게 미국의 대중미(Central America)정책과 냉전(Cold War) 등의 요소가 뒤섞인 복합적 의미 구조의 사건임을 밝히고자 한다. 마지막으로 제노사이드(genocide)적 측면에서 바라본 엘모소떼 학살의 특징을 국외의 타 사례와 비교하여 분석하고, 사건의 진실규명 과정에서 진행된 유해 발굴 및 기타 과정이 과거청산의 후속작업인 위령 및 기념사업으로서 어떤 의미를 가지는가에 대해 서술하였다.

2) 학살의 배경 : 엘살바도르 내전의 기원과 역사

수천 년간 마야 문명권하에 있던 엘살바도르 지역은 1524년 6월 스페인 탐험대의 침입 이후 식민통치하에 들어가게 된다. 그러나 여타의 라틴 아메리카 국가와 마찬가지로 1821년 9월 15일 스페인으로부터 독립을 쟁취하여 근대국민국가로의 여정을 시작하였고, 1841년 1월에는 중미 연방공화국[2]이 해체됨에 따라 오늘날 '엘살바도르 공화국'의 모습을 비로소 갖추게 되었다.

엘살바도르는 중미 지역 가운데서도 비옥한 토지와 풍부한 노동력

---

2) 식민시기 누에바 에스파냐 부왕청 산하의 과테말라 총독청(Capitanía General)으로부터 통치를 받았던 과테말라, 온두라스, 니카라과, 엘살바도르, 코스타리카 5개국은 1823년 7월 '중미연방공화국'(Provincia Unidas del Centroamérica)을 결성하였으나 지역 간의 갈등으로 인해 1838년 5개국은 각각 독립하게 된다.

을 보유하고 있었으므로, 독립을 쟁취한 지 얼마 되지 않은 1856년부터 커피를 생산하여 수출하면서 부를 축적하기 시작했다.[3] 하지만 이러한 경제적 이득이 모든 이들에게 평등하게 분배된 것은 아니었다. 엘살바도르 농지의 대부분은 소수 귀족 및 대지주에 집중되어 있었고, 이로 인해 파생된 사회적 불평등은 상당한 수준에 이를 수밖에 없었다(Binford 1996). 결국 이러한 불평등은 1872년부터 1898년까지 주로 서부 지역의 농촌을 중심으로 모두 네 차례의 민중봉기가 발생하는 직접적 원인이 되었다(Kincaid, 1987: 474). 하지만 위의 봉기들은 강력한 무기를 바탕으로 한 지배계급에 의해 이내 진압되었고, 소수 귀족을 중심으로 한 엘살바도르 과두제(oligarchy) 사회구조는 오랜 기간 동안 변화하지 않았다. 엘살바도르의 국가 정치와 경제적 권력은 소위 '14가문'(Los Catorce)이 전 국토에서 생산되는 대부분의 부를 독점하였고, 이들은 자신들의 지배를 존속시키고 농민들을 통제하기 위해 1895년부터 지방경찰 및 기병경찰 등을 육성시켜 자신들의 부를 지켜나갔다(Mazzei, 2009: 131-132).

하지만 공고한 지배구조에 대한 저항은 20세기를 넘어와서도 지속적으로 진행되었다. 특히 1932년 발생한 대규모 농민 봉기는 아직까지도 엘살바도르 역사에서 중대한 사건으로 기록되고 있다. 개혁주의자 아라우호(Arturo Araujo)는 1925년 창당된 엘살바도르 공산당(Communist Party of El Salvador: 이하 PCS)의 지원을 받아 1931년 대통령에 당선되었다. 하지만 아라우호 정권은 취임 1년도 지나지 않아 보수 강경파에 의해 무너졌으며, 보수파들은 부통령이었던 에르난데스(Maximilano Hernández Martínez)를 대통령으로 뽑아 강력한 반공주의 및 소수 귀족 중심의 정치를 이어나갔다. 이에 1932년 1월 20일 파라분도 마르띠(Augustín Farabundo Martí)

---

3) 1928년에 이르면 전 세계 커피의 92%는 엘살바도르 원료로 만들어지고 있었다(Browning 1971, Binford 1996, 31에서 재인용).

가 주도한 사회주의 세력은 엘살바도르 남서 지방인 손소나테(Sonsonate), 이잘꼬(Izalco), 아우아차판(Ahuachapan), 라리베르따드(La Libertad) 등지를 중심으로 정부에 대항하고 사회구조를 개혁하기 위한 봉기를 일으켰다. 봉기세력은 한때 일부 도시를 점거하기도 하였으나 정부군의 진압이 본격화되자 상황은 급변하였고, 결국 약 30,000명의 민간인들이 학살된 채 마무리되고 말았다. 그러나 이와 같은 학살에 대해 몽고메리는 당시 민간인 피학살자 중 봉기에 가담한 이는 1/10도 되지 않았다고 밝히고 있다(Montgomery, 1987: 76). 엘살바도르인들은 이 시기를 '대학살'(La Matanza), 혹은 '종족학살'(ethnocide)[4]의 시기로 기억하고 있다. 1932년 봉기는 이렇듯 허망하게 마무리되었지만, 과두지배 세력의 입장에서 볼 때 농민과 하위계층이 자신들의 부를 유지하는 데 유용하기는 하나 상당히 경계해야 할 대상이며, 향후 엘살바도르의 역사에서 뿌리 깊은 대립의 역사를 본격화하는 계기점이 되었다(Almeida, 2008: 45-51; Binford, 1996: 37; Lindo-Fuentes et al, 2007: 24-67).[5]

1932년 대학살 이후 엘살바도르의 역사는 계속된 독재와 군사쿠데타, 과두정치로 이어졌다. 엘살바도르 군부와 과두정치 세력은 에르난

---

4) 이 시기를 종족학살이라 칭하는 이유는 1932년 이후 봉기를 주도했던 인디언 농민 세력이 정부군에 의해 대부분 학살되었다고 믿기 때문이다. 실제 많은 인디언 농민들이 봉기에 참여하였고, 또한 목숨을 잃은 것은 사실이다. 하지만 에릭 칭과 버지니아 틸리와 같은 학자들은 1932년 대학살 이후의 인디언 수는 그 이전과 비교해 별 차이가 없으며, 오히려 대학살 당시 정부군에 의해 많은 수의 인디언이 목숨을 보존할 수 있었다고 주장하기도 한다(Ching and Tilley 1998).
5) 1932년으로부터 50여 년이 지난 1980년, 엘살바도르에서 반군과 군부와의 내전이 본격화되었을 때 반군 조직이 파라분도 마르띠의 이름을 빌려 자기 조직의 이름으로 설정하고(FMLN), 이와 맞서는 극우 암살단이 에르난데스의 이름을 자신의 조직명(Maximilano Hernández Martínez Brigade)으로 사용한 것은 50년이 흘렀지만 엘살바도르의 사회문화적 대립구조가 1932년과 비교해 전혀 달라진 것이 없음을 보여주는 좋은 예이다(Lindo-Fuentes & Ching & Lara-Martínez 2007, 242).

데스 이후 1944년 대통령에 당선된 까스따녜다(Salvador Castañeda Castro)를 시작으로 1979년 민족화해당(Partido Conciliación Nacional)의 로메로(Carlos Humberto Romero Mena)[6] 대통령에 이르기까지 약 35년 동안 서로 협력하며 자신들의 지배 권력을 꾸준히 이어나갔다. 하지만 이러한 지배 권력은 정당한 민주주의에 의해 유지되기보다는 폭력과 억압, 부정선거 등으로 이어지고 있었다. 이 과정에서 1972년과 1977년의 대통령 선거에서 발생한 부정선거는 엘살바도르 민중들의 거센 저항을 불러일으켰으며, 이 과정에서 군부 지배정치에 대항한 좌익성향의 대중단체와 게릴라들의 출현이 이어졌다. 1970년대 결성된 대표적 좌익단체 및 게릴라들로는 엘살바도르 공산당 총 서기였던 까예따노(Salvador Cayetano Carpio)가 1970년 설립한 FPL(Fuerzas Populares de Liberación "Farabundo Martí")을 비롯하여 FARN(Fuerzas Armadas de Resistencia Nacional: 1975년 창설), PRTC(Partido Revolucionario de los Trabajadores Centroamericanos: 1976년 창설), ERP(Ejército Revolucionario del Pueblo: 1972년 창설), FAL(Fuerzas Armadas de Liberación: 1979년 창설) 등이 있다. 이 단체들은 1980년 10월 10일 서로 연합하여 단일 혁명조직인 FMLN을 결성하게 된다(Montgomery, 1987: 168).

이렇듯 군부의 비민주적 강권정치와 이에 대항한 반군 세력이 강화되자, 1979년 10월 15일 일련의 '청년장교단'을 중심으로 한 무혈쿠데타가 발생하여 로메로 대통령을 축출하고 엘살바도르의 사회경제적 개혁을 위해 군사혁명평의회(Revolutionary Junta of Government)를 구성하였다. 하지만 평의회의 개혁의지는 이내 희석되었고, 엘살바도르 사회는 군부와 이에 대항하는 세력의 대립으로 준내전 상태에 빠지게 되었다. 엘살

---

6) 민족화해당은 1960년 레무스(José María Lemus) 대통령이 군사 쿠데타로 축출된 후 결성된 군사평의회에서 결성된 보수정당이다. 이후 군부는 민족화해당을 기반으로 국가권력을 장악하였다.

바도르에서는 연일 대중시위와 저항, 정부의 억압, 좌익의 납치, 노동자의 파업, 암살단(death squad)에 의한 살인 등이 발생하였다. 특히 1980년 3월 24일 극우파에 의한 산살바도르 대주교 로메로(Oscar Romero) 신부의 암살과 동년 12월 2일 국가방위군(National Guard)에 의한 미국인 수녀 네 명의 강간 살해는 상당한 파장을 불러 일으켰다. 1993년 엘살바도르 진실위원회는 조사결과보고서에서 1980년 한 해 동안 국가폭력 및 암살 등에 의해 모두 2,579명의 희생자가 발생하였음을 보고하였는데, 이 수치는 당시 혼란스러웠던 엘살바도르 정국을 짐작케 하는 좋은 예시라 할 수 있다(United Nations 1993: 29).

또한 국내적 상황뿐만 아니라 국제적 상황 역시 엘살바도르의 내전을 종용하고 있었다. 1979년 7월 엘살바도르 내 좌익혁명 세력을 고무시킨 니카라과 산디니스따(Sandinista) 혁명의 성공과 1981년 1월 중미 반공주의 정책 강화를 내세운 로널드 레이건 공화당 대통령의 취임이 이어지면서, 엘살바도르는 자국 내 좌우익의 대결뿐만 아니라 미국, 소련, 쿠바, 니카라과 등 동서 진영의 이해가 엇갈리는 '냉전의 대리전장'으로 변모해가고 있었다.

이러한 혼란 속에서 1981년 1월 10일, 니카라과 혁명에 고무된 FMLN이 정부군에 대해 '최후의 공세'(finial offensive)를 시작하면서 '공식적인' 엘살바도르 내전이 시작되었다. FMLN은 공세 초기 산살바도르의 라디오 방송국을 장악하고 모라산 주의 산프란시스코 고떼라(San Francisco Gotera) 등을 점령하기도 하였다. 하지만 며칠 후 FMLN은 총공세의 1단계 종식을 발표하고 찰라테낭고, 모라산, 카바냐스, 산비센테, 우술루딴, 꾸스까뜰란 등지의 근거지로 전술적 후퇴를 시작했다. 이후 1981년 중반 내전은 소강상태로 접어들었으며, 이 해의 12월에 엘모소떼 학살이 발생하게 된다.

3) 엘모소떼 학살의 발생과 경과

(1) Red Zone의 형성

엘모소떼가 위치한 모라산 주는 엘살바도르의 북동부에 위치해 있으며, 북으로는 온두라스 국경과 접해 있다. 이 지역은 전통적으로 커피와 면화 농장 등이 발달하여 대부분의 영토가 과두지배 세력에 장악된 남서 지역과 달리, 대부분 험준한 산악으로 지형이 형성되어 있다. 1932년 파라분도 마르띠의 봉기에서도 나타나듯이, 초기 엘살바도르의 혁명운동은 토지문제와 과두지배 세력에 대한 저항이었기에 주로 남서지방을 중심으로 발생하였다. 하지만 혁명운동이 토지문제를 둘러싼 저항에서 군부와 지배세력을 대상으로 한 조직화된 게릴라 투쟁으로 발전하면서 그 중심지도 평야지대보다는 근거지를 마련하기 쉬운 북부 산악지대로 이동하였다. 이러한 지형은 정부의 통제가 쉽게 이루어질 수 없어 게릴라전을 수행하기에 용이하였으므로 1970년대부터 점차적으로 FMLN 전신 조직들(특히 ERP 계열 조직)의 주요 근거지가 되었다. ERP의 창시자 중 한 사람인 아르쎄(Rafael Arce Zablah)는 1974년 모라산 북부지역을 정찰한 후, 또로라 강 이북에 위치한 북부 모라산 지역이 게릴라의 후방 배후지를 조성할 만한 천혜의 요새라는 점을 밝힌 바 있다(Binford 1996, 13). 이러한 점에 입각하여 ERP는 1970년대 중반부터 자연지리적 배경을 적극 활용하여 북부 모라산 주의 서부지역인 또로라와 요꼬아이띠끄, 산페르난도, 빌라 엘로사리오를 중심으로 자신들의 거점을 비밀리에 확보하기 시작하였다. 그리고 1980년대에 이르러서는 북부 모라산 주의 라꾸아까마야(La Cuacamaya)[7]에 ERP 지휘 사령부를 설치하였

---

7) 라꾸아까마야는 모라산 주의 중심부를 흐르는 또로라(Torola) 강 북쪽에 위치해 있다. 엘모소떼는 여기에서 북쪽으로 4마일 정도 이동한 곳에 위치하고, 그 주변으

다. 이외에도 1979년부터 정부를 비난하고 혁명을 촉구하는 비밀 라디오 방송을 시작한 벤세레모스(Radio Venceremos) 비밀 혁명 라디오 방송국 역시 1981년부터 라꾸아까마야 부근에 근거지를 확보한 후 엘살바도르 전국에 단파 방송을 송신하기 시작하였다.

이처럼 반군들의 근거지가 모라산 주에 형성될 수 있었던 요인에는 자연지리적 배경 이외에도 또 다른 요인이 존재하고 있었다. 그것은 바로 교회의 역할이었다. 모라산 북부 지역은 1973년 벤뚜라(Miguel Ventura) 신부가 또로라에 새 교구[8]를 형성한 이후부터 강한 진보주의적 성향을 가지게 되었다. 종교에 있어서 진보주의적 입장을 견지한 벤뚜라는 그를 지지하는 농민 전도사들과 함께 농민들을 종교적뿐만 아니라 사회적으로 각성시켰으며, 이러한 노력의 결과로 모라산 북부 농민들은 남서지역에 비해 잘 조직되어 있었고 사회의 불합리한 측면을 개혁하고자 하는 의지가 높았다(Medrano and Raudales 1994, 69). 부모가 북부 모라산 주의 농민이었던 반군 지도자 리초(Licho)는, 1977년 혹은 1978년부터 모라산에서 혁명의 분위기가 조성되었는데, 이것은 마을의 청년들이 성서를 읽고 이것을 현실에 대입하는 과정에서 발생했다고 증언한다. 또한 리초는 당시 일부 청년들이 반군에 직접 합류하기도 하였으며, 이러한 분위기는 급진적 신부들이 이끄는 마을을 중심으로 확산되었음을 밝히고 있다(Danner 1993, 30).

로 당시 비슷한 유형의 민간인 학살이 발생했던 라 호야(La Joya), 로스 또리레스(Los Toriles), 호꼬떼 알미리로(Jocote Armirillo), 쎄로 빤도(Cerro Pando), 호아떼까(Joateca) 지역 등이 인접해 있다. 1981년 당시 엘살바도르 정부는 또로라 강 이북에 위치한 북부 모라산 지역을 일명 'red zone'(zonas rojas)으로 지정한 후 군사작전에 임하였다(Danner 1993).

8) 1973년 이전 북부 모라산은 모두 호꼬아이띠께(Jocoaitique) 교구에 포함되어 있었다. 하지만 벤뚜라가 1973년 새 교구를 만든 이후 또로라와 산 페르난도(San Fernando), 빌라 엘로사리오(Villa El Rosario)는 새 교구로 분리되었다.

위와 같은 분위기로 인해 1980년 즈음에 이르면 북부 모라산의 여러 지역에서 소규모 게릴라들이 마을을 돌아다니며 음식 및 생필품을 구하였고, 이와 동시에 자신들의 지지자를 확대하기 위해 선전활동을 전개하였다. 이것은 한국전쟁 및 베트남 전쟁의 게릴라 전사(戰史)에서도 볼 수 있는 것으로서, 거점을 통한 '해방구' 형성이 어느 정도 진전되었음을 의미한다. 이 과정에서 일부 게릴라들은 방위군 및 정부군을 공격하여 그 지역을 일시 점거하고, 이후 지원부대가 도착할 즈음에 다시 야산으로 몸을 숨기는 전형적인 게릴라 전술을 펼치기도 하였다.

이렇듯 북부 모라산 내에서 반군의 활동이 활발해지자 엘살바도르 정부와 군부는 이 지역에 대해 특단의 조치가 있어야 한다는 데 대해 인식을 공감하기 시작했다.[9] 이러한 인식의 공감은 곧바로 군사적 공격이라는 형태로 표출되어 1980년 모라산 지구와 찰라테낭고 지구에 각각 5회씩의 공격과 산비센테 주의 친촌뗴뺙(Chinchontepec) 화산에 4회, 로스 세로스 데 산뻬드로(Los Cerros de San Pedro) 지역에 3회의 공격을 감행토록 하였다(Montgomery 1987, 233). 또한 정부군은 공격 시 게릴라들에게 동조한 것으로 보이는 농민들을 무자비하게 고문하거나 처형하였다. 이러한 상황이 계속 이어지면서 북부 모라산 지역에서는 게릴라에 참여하는 청년들과 고향을 떠나는 사람들이 늘기 시작했으며, 이 결과로 마을의 주요 거주층이 노인과 여자, 어린이들로만 구성되는 경우가 많아졌다.

---

9) 1980년 주 엘살바도르 미국 대사였던 더빈은 통신문에서 '엘살바도르 군부가 외곽 (countryside) 지역이 게릴라들의 수중에 들어가고 있는 상황'(liberated areas)을 상당히 걱정하고 있다고 적고 있다(Danner, 1993: 31-32).

Locutores del equipo histórico de la Radio Venceremos.
Santiago, Lety, Marvin, Mabel y, de pie, Maravilla.

라디오 벤세레모스의 활약

엘살바도르 내전 당시 정부군에게 가장 암적인 존재로 활약한 것은 다름 아닌 '라디오 벤세레모스'
였다. 이들은 당시 게릴라 단체였던 FMLN의 공식 라디오 방송국으로서, 엘살바도르 내전 상황을 단
파 방송을 통해 전 세계에 알리는 데 공헌하였다. 이 방송은 당시 FMLN뿐만 아니라 엘살바도르 현
지민도 즐겨 애청하였으며, 정부군은 이 방송을 중단시키기 위해 혈안이 되어 있었다. 위 사진은 모
라산에 위치한 혁명박물관에 소장된 것으로서, 내전 당시 벤세레모스의 방송 장면을 담고 있다(엘살
바도르 혁명박물관 소장 사진).

(2) 작전명 Operation Rescue : Hammer and Anvil

1980년 10월 이후부터 북부 모라산 지역은 엘살바도르 정부군의 대
규모 군사 공격 표적이 되었다. 정부군은 군사 공격의 과정에서 수많은
민간인들을 게릴라 동조자로 몰아 학살하였는데, 1980년 10월과 1981
년 1월 및 7월, 빌라 엘로사리오에서 어린이와 여성을 포함한 비무장 피
난민 30여명의 학살을 비롯하여 1980년 12월 또로라, 1981년 3월 까까
오뻬라 등지에서 민간인이 희생되었다. 기록에 의하면 1980년 10월부터
1981년 11월까지 북부 모라산 지역에서 정부군에 의해 학살된 민간인
은 증언이 확보된 것만 치더라도 580명에 이른다(표 4 참조).

이러한 상황에서 1981년 12월 접어들어 북부 모라산 지역에서 심상치 않은 기운이 감지되기 시작했다. 당시 엘살바도르의 국방장관인 가르시아(José Guillermo García)와 국방차관 까스띨요(Francisco Adolfo Castillo), 그리고 아뜰라까뜰(Atlacatl) 대대를 지휘하고 있던 몬떼로사(Domingo Monterrosa Barrios) 중령은 북부 모라산에 위치한 적성 세력들을 '지도에서 없애버리기'로 방침을 정하고, 대규모 군사작전을 감행하기로 결정하였다(López Vigil, 1994: 66). 'Operation Rescue'(Operacíon Rescate)로 명명된 작전의 목표는 모라산 북부에 위치한 게릴라(ERP) 주둔지 라 구아까마야를 섬멸하고, 거의 1년 내내 중단 없이 정부 비방 단파방송을 송신하고 있던 라디오 벤세레모스를 파괴하는 것이었다. 이 작전의 총괄 지휘는 3여단을 지휘하고 있던 플로레스(Jaime Flórez Grijalva) 대령이 맡았고, 가장 핵심적인 작전의 수행은 아뜰라까뜰 부대의 대장이었던 몬테로사 중령이 담당하였다. 특히 작전에 참여한 아뜰라까뜰[10] 부대는 반란(counter-insurgency)을 진압하기 위해 1980년에 창설된 엘살바도르 최초의 특수부대로서, 이들은 1981년 미군 노스캐롤라이나 주 포트 브래그 기지에서 미국 특전부대로부터 훈련을 받은 후 엘살바도르로 귀국한 상태였다(United Nations, 1993: 115-116). 1981년 초반부터 미국의 레이건 행정부는 엘살바도르에 대한 군사원조의 일환으로 대게릴라전을 수행할 수 있는 부대를 훈련시켰으며, 이 과정에서 가장 먼저 군사훈련을 마친 부대가 아뜰라까뜰이었다.

작전은 1981년 12월 6일부터 시작되었다. 정부군은 먼저 모라산 주

---

10) 부대명인 아뜰라까뜰은 1524년 라틴 아메리카에 대한 스페인 정벌 당시 꾸즈까틀란 지역의 피필족(Pipils) 지배자였던 아뜰라까뜰에서 따온 것이다. 아뜰라까뜰은 엘살바도르의 민간 신앙에서 스페인 외세와 맞서 싸운 용감하고 강인한 영웅으로 각인되어 있으며, 1528년 꾸즈까틀란에서 스페인 정복자와의 전쟁 중 생포되어 교수형에 처해졌다.

의 중심지인 산프란시스코 고떼라를 중심으로 한 모든 도로를 차단한 채 일체의 사람이나 차량이 모라산 북부로 이동하는 것을 금지하였다. 이후 이들은 일명 '망치와 모루'(Hammer and Anvil)[11] 전술에 의거해 양방향에서 반군들을 압박하는 방식으로 작전을 진행하였다. 즉 아뜰라까뜰 부대를 중심으로 한 특수부대가 북부 뻬르낀(Perquín)에서 남동쪽으로 진격해 오면서 또로라 강과 사뽀 강 이북 지역에 거대한 포위망을 만드는 '모루'의 역할을 하면, 엘살바도르 정부군이 모라산 남부에서 또로라 강 이북 지역으로 '망치'로 게릴라들을 두드리며 '모루' 쪽으로 몰고 가는 것이다. '망치와 모루' 전술의 성공 여부는 상대를 위압하는 높은 화력을 가졌는가와 직결된다(Gat, 2006: 340). 이러한 문제는 미국이 지원하였다. 작전 직전 일롱팡고(Ilopango) 공항을 통해 수많은 미국제 군수품들이 도착했으며, 이것들은 곧 팬 아메리카 고속도로를 통해 모라산 지역으로 수송되었다(Danner, 1993: 21).

그러나 엘살바도르 주재 미대사관의 비밀 통신문(Greentree Cable)에 의하면, 반군들은 적어도 11월 15일 이후부터 작전이 실행될 것에 대해 이미 감지를 하고 있었다.[12] 이들은 공격이 임박했음을 인지한 후 서둘러

---

11) '망치와 모루'는 군사전술 측면에서 상대적으로 간단한 전술 방법으로 알려져 있다. 이 전술은 두 개의 부대가 양 방향에서 동시에 작전을 하면서 적군을 포위하는 전법으로, 기원전 216년 제2차 포에니 전쟁 당시 '캐니'(Cannae) 및 '자마'(Zama) 전투에서 대표적으로 운용된 것으로 기록되어 있다(Gat 2006, 340).

12) 미국정부는 엘모소떼 사건이 뉴욕 타임즈 등에 보도된 이후, 사건의 정확한 경위를 파악하기 위하여, 1982년 1월 30일 토드 그린트리(Todd Greentree)와 존 맥케이(John McKay)를 엘살바도르 모라산으로 파견하였다. 이들은 상공에서 엘모소떼를 관찰한 후 산프란시스코 고떼라에 착륙하여 피난민과 군사지휘관 등을 만나 사건의 정황을 정리하였다. 이후 이들은 자신들이 작성한 보고서를 당시 주엘살바도르 내사였던 힌튼의 승인을 받아 미국무부로 전송하였는데, 이를 '그린트리 전송문'(Greentree Cable)이라고 한다. 이 통신문의 전문번호는 '312020Z JAN 82 ZFF-4'으로서, 1983년 뉴욕 타임즈의 레이먼드 보너 기자의 정보공개청구에 의해 최초로

전술적 후퇴를 준비하기 시작했으며, 여기에는 게릴라뿐만 아니라 그들을 지지하는 주민들이 포함되어 있었다. 라꾸아까마야에 있던 ERP 사령부는 12월 8일 기지를 버리고 후퇴를 시작했으며, 라디오 벤세레모스 역시 12월 9일 우술루딴에 위치한 유꾸아란으로 피신하였다(López Vigil, 1994: 66-76). 이들은 후퇴 직전 주민들에게 마을을 피신할 것을 권고하였으며, 이러한 관계로 당시 북부 모라산 마을들의 많은 주민들은 정부군의 공격을 피해 온두라스 국경 부근 산악지대나 난민 캠프로 피난을 간 상태였다. 그리고 비록 주민이 거주하던 마을이라 할지라도 정부군의 작전 징후가 보이자마자 대부분의 주민들은 인근 동굴이나 산악지대로 피신을 하기 시작하였다.

(3) 대학살

정부군의 공세가 가까워져 모라산 주의 다른 지역민들과 반군들이 몸을 피신한 것과 달리 엘모소떼 마을에는 주민들이 그대로 머물러 있었다. 오히려 엘모소떼에는 인근 지역에서 피신해 온 피난민들로 인해 평소보다 더 많은 주민들이 몰린 상태였다. 이렇듯 군사작전의 위기감이 팽배한 가운데도 엘모소떼에 수많은 주민들이 잔류하고 있었던 것에는 몇 가지 이유가 있었다.

그중 첫 번째 이유는 1980년 초반 당시 북부 모라산의 많은 지역이 좌파 성향의 가톨릭 신부에 의해 영향을 받던 것과 달리, 엘모소떼는 이들의 영향을 받지 않는 개신교(Protestant Evangelical) 마을이었다는 것이다(Simons 1986). 엘모소떼 학살에서 유일하게 생존했던 루피나(Rufina

---

공개되었고 1993년 비밀해제된 후 전문이 공개되었다. 이 통신전문에서는 1981년 당시 모라산과 엘모소떼 마을의 전반적 상황과 역사적 배경, 그리고 학살 사건 발생의 경위 등이 비교적 자세히 기술되어 있다(Danner, 1993: 194-201).

Amaya)[13]의 증언에 의하면, 당시 엘모소떼 주민의 절반 이상이 개신교도들로서 이들은 평소 반공산주의적 태도를 견지하며 반군의 활동에 동조하지 않았다고 한다. 이와 같은 사실은 반군 지도자의 증언에서도 엿볼 수 있는데, ERP의 사령관이었던 비야로보스(Joaquín Villalobos) 역시 엘모소떼 주민들이 자신들을 지지하지 않았고 단지 게릴라들과 생활용품을 사고파는 등의 최소한의 관계만을 유지했음을 증언하였다.

엘모소떼에 주민들이 잔류한 또 다른 이유는 마을 내 형성된 여론 때문이었다. 본격적인 군사작전이 있기 전, 엘모소떼에서 가게를 운영하며 마을 내에서 가장 영향력이 있던 디아스(Marcos Díaz)는 자신의 정부군 장교 친구로부터 '곧 군사작전이 시작될 것이고 마을을 벗어나지 않는 것이 살 수 있는 길'이라는 말을 들었다. 그는 곧 주민들을 소집하여 이 같은 내용을 전하고, 피난을 가는 것보다 오히려 마을에 있는 것이 안전하다고 말하였다. 이에 일부 주민들은 피난을 가는 것이 낫다고 말하였으나 결국 대부분의 주민들은 마을에 그대로 잔류하게 되었다(Danner, 1993: 16-20; Binford, 1996: 18). 결국 엘모소떼 마을 주민들은 자신들이 모라산 작전 지역 내 다른 지역민들과 비교해볼 때 '순수한 양민'이었고 게릴라와의 어떠한 접촉도 없었다는 '자신감'을 믿고 마을에 잔류한 것으로 보인다. 또한 마을을 벗어나 피난을 가는 것은 마치 게릴라 동조자처럼 보일 수 있기에 마을에 그대로 머무르는 것이 안전하다고 생각하였다. 이와 같은 이유로 12월 10일 아뜰라까뜰 부대가 엘모소떼에 진입

13) 루피나는 1943년 출생하였으며, 학살 시기였던 1981년 엘모소떼에서 남편인 도밍고 까를로스와 1남 3녀의 자녀들과 함께 생활하고 있었다. 그녀는 학살 직전 기적적으로 몸을 피신하였으나, 남편과 자식들이 학살되는 과정을 몸을 숨긴 채 지켜봐야만 했다. 학살 이후 루피나는 온두라스의 난민캠프로 이동하여 생활하였고, 평화협정이 진행되던 1990년 엘살바도르로 돌아왔다. 루피나는 2007년 3월 6일 산살바도르의 병원에서 뇌졸중으로 사망하였다.

하였을 때는 주민의 대부분과 상당히 많은 수의 피난민들이 상주해 있는 상태였다.[14]

엘살바도르 진실위원회 보고서와 여러 문헌을 통해 볼 때 12월 10일부터 학살이 자행된 12월 11일까지의 구체적 상황은 다음과 같다.[15] 오후 늦게 엘모소떼에 진입한 아뜰라까뜰 부대는 우선 사람들을 광장으로 모여 엎드리게 하였으며, 이후 게릴라와의 관계를 묻기 시작했다. 이 과정에서 군인들이 폭력을 사용하긴 하였지만 사망자는 없었고, 밤이 되자 주민들을 모두 집 안으로 들어가도록 하였다. 루피나는 이 밤을 끔찍한 밤으로 기억하고 있었다. 주민들은 아뜰라까뜰 부대에 의해 외부출입을 철저히 차단당한 채 인근 지역에서 몰려온 피난민과 함께 굶주림과 공포심을 느끼면서 하룻밤을 보냈다. 자신들에게 닥칠 불안감에 아무도 잠을 자는 사람은 없었다. 반면에 증언에 의하면, 아뜰라까뜰 부대는 바깥에서 밤새도록 웃고 떠들면서 엘모소떼 점령을 자축하였다고 한다. 이후 12월 11일 이른 새벽, 군인들은 주민들을 남자와 여성 및 어린이 집단으로 구분한 후 남자는 마을 교회로 끌고 가고 여성과 어린이들은 마을 주민 알프레도 마르께스(Alfredo Márquez)의 주택에 집단감금시켰다. 이윽고 잠시 후 교회로 끌려간 남성들은 밖으로 끌려나와 마을의 여러 방향에서 학살되었고, 이후에는 젊은 여성들이 인근의 엘 칭고

---

14) 아뜰라까뜰 부대는 1981년 12월 7일 뻬르낀을 출발해 12월 9일 알람바라(Arambala)에 도착했다. 이곳에서 부대는 3명의 남성을 게릴라 부역 혐의로 살해하였으며, 이튿날인 12월 10일 아침 꾸마로(Cumaro)에서는 주민들을 광장으로 집합시킨 후 여러 가지 심문을 하였다. 하지만 꾸마로에서는 주민들을 살해하지 않았다(United Nations, 1993: 116).

15) 학살 과정의 재구성에는 Danner(1993), Binford(1996), López Vigil(1994), Miller(et al)(2010), United Nations(1993) 등의 문헌을 참조하였음. 이들 문헌에서는 공통적으로 학살의 유일한 생존자였던 루피나의 증언을 중심으로 사건을 재구성하고 있다.

(El Chingo) 와 라 끄루스(La Cruz) 계곡으로 끌려가 집단 강간을 당한 후 살해되었다. 아뜰라까뜰 부대는 정오가 지나자 남아 있던 여성과 어린이마저 모두 학살하였는데, 대부분의 어린이들은 12세 이하였다.[16] 또한 약 30여 명의 어린이들은 학교운동장에서 교수형이나 총검에 찔려 학살되었다.[17] 당시 학살을 자행하던 군인들은 어린이들에게 '너희는 게릴라이며, 이것이 정의다'라는 말을 했다고 한다. 학살이 끝난 후 군인들은 교회와 집에 불을 놓았으며, 그날 저녁에도 엘모소떼에 머물렀다. 이튿날 아뜰라까뜰 부대는 학살한 주민들의 시체를 제대로 매장하지 않은 채 마을을 떠났다.

이후 아뜰라까뜰 부대는 12월 11일 라 호야(La Joya) 주에서 민간인 20명 이상을 학살하였고, 12월 12일에는 라 란체리아(La Ranchería) 마을과 로스 또리레스(Los Toriles)에서 약 30명 이상의 민간인을 학살하였다. 이후 부대는 12월 13일 호꼬떼 아마리요(Jocote Amarillo) 마을과 쎄로 빤도(Cerro Pando) 등지에서도 민간인을 학살하였는데, 이 시기 아뜰라까뜰에 의해 학살된 인원은 신원이 확인된 것만 500명 이상이었고, 신원 미확인 희생자를 포함하면 엘모소떼를 포함한 전체 민간인 피학살자의 수는 1,000명을 상회할 것으로 보인다(United Nations, 1993: 114; Binford, 1996: 102).[18]

---

16) 루피나는 여성들을 학살하기 직전 극적으로 생명을 구할 수 있었다. 그러나 그녀는 몸을 숨긴 상태에서 자신의 자녀 4명과 수십 명의 어린이들이 학살되는 것을 목격해야만 했다.

17) 이 사실은 운동장 학살에서 극적으로 생존한 체뻬 모조떼(Chepe Mozote)의 증언으로 확인할 수 있었다. 당시 학살에서 체뻬의 동생 또한 군인들에 의해 교수되었는데, 당시 동생의 나이는 2세였다.

18) 희생자 수에 있어서 엘살바도르 진실위원회와는 달리, 라디오 벤세레모스는 아뜰라까뜰의 작전에 의해 모두 1,009명의 민간인이 목숨을 잃었고, 이들의 대부분은 노인이거나 어린이들이었다고 밝혔다(López Vigil 1994, 79).

〈표 4〉 1980-81년 사이 북부 모라산에서의 민간인 학살 현황(Binford, 1996: 102)

마을	시기	희생자 수	학살 부대
라꾸아까마야	1980. 11	15	?
빌라 엘로사리오	1980. 1. 20	?	민병대
아구아 블랑까	1980. 10. 3	20	아뜰라까뜰
플로르 무에르또	1980. 4. 22	20	아뜰라까뜰
아사꾸알빠	1980. 10	12	?
빌라 엘로사리오	1980. 5. 10	15-25	망치와 모루 대대
빌라 엘로사리오	1980. 10. 12-16	100	아뜰라까뜰
라꾸아까마야	1980. 10. 13, 24	18	아뜰라까뜰
엘뚜레	1980. 12. 19-20	10-20	아뜰라까뜰
로스 골론드리나스	1980	40-50	?
빌라 엘로사리오	1981. 1. 20	20	아뜰라까뜰
아구아 블랑까	1981. 3. 10	20	아뜰라까뜰
플로르 블랑까	1981. 3. 10	20	아뜰라까뜰
플로르 블랑까	1981. 3. 16	31	아뜰라까뜰
빌라 엘로사리오	1981. 7	22	아뜰라까뜰
플로르 무에르또	1981. 12. 8-12	20	아뜰라까뜰
쎄로 앨오르띠스	1981. 12. 12	8-10	?
엘훈낄요	1981. 12. 12	50-55	?
엘모소떼 등	1981. 12. 11-13	1,000	아뜰라까뜰
엘모노	1982. 11	11	민병대

엘모소떼 학살의 현장이었던 교회

사건 당시 많은 어린이들이 학살되었던 곳으로 알려진 엘모소떼의 교회는 현재 치장을 새롭게 하여 기념물이 되어 있었다. 엘살바도르 특수부대는 이 교회 내부에서 어린이들을 학살한 후 교회를 불태웠다.

Concepción Sánchez	3 Días	Ambrosio
Amílcar Pereira	2 Meses	José Wilfr
José Cleofás López	3 Meses	Vilma Rod
Evaristo Reyes Luna	6 Meses	Cristino M
José Romero	6 Meses	Estela Díaz
Octaviana Pérez	8 Meses	Rosita Már
María Isabel Amaya Claros	8 Meses	Espentació
Mauricio del Cid	8 Meses	Lucio Clar
Armando Argueta Claros	8 Meses	Elmer Nico
Cristina Martínez	9 Meses	Jacinto Sá
Evelio Rodríguez Pereira	-	Joaquín Lo
Nicolasa Márquez	1 Año	José Lucas
Nicolasa Díaz Argueta	1 Año	Marta Lilia
David Chicas Martínez	1 Año	Florita Roc
Vilma Márquez	1 Año	Dora Torr

엘모소떼에서 희생된 어린이들

교회 기단 부분에는 학살 당시 사망한 이들의 나이와 이름이 새겨져 있다. 이곳에 새겨진 이들은 대개 유아이거나 15세 미만의 어린이들이었다.

엘모소떼 학살 유일한 생존자 루피나의 기념관

루피나 아마야(Rufina Amaya, 1943 – March 6, 2007)는 엘모소떼 학살의 유일한 생존자로서
이 학살을 전 세계에 알리는 데 공헌하였다. 그녀는 엘모소떼 학살에서 남편과 4명의 자식이 학살되
는 것을 목격하였다. 현재 엘모소떼 기념공원에는 루피나의 묘소가 있으며, 인근에는 자그마한 그녀
의 기념관이 설립되어 있다.

4) 진상규명 운동과 유해 발굴

   1981년 12월 말이 되면서 북부 모라산에 대한 정부군의 군사작전은
마무리에 들어갔다. 정부군의 공세가 누그러지자 반군세력(ERP 및 라디오
벤세레모스)은 다시 모라산 지역으로 복귀하였고, 이 중 라디오 벤세레모
스는 12월 24일과 30일에 엘모소떼 학살에 대한 방송을 최초로 시작하
였다. 벤세레모스는 엘모소떼에서 1,000여 명의 무고한 민간인이 아뜰
라까뜰 부대에 의해 학살되었음을 전 세계에 방송하였다. 하지만 이에
대해 엘살바도르의 두아르떼(José Napoleón Duarte) 대통령은 방송의 내용
이 벤세레모스의 조작일 뿐, 사실이 아니라는 입장을 고수하였다.

이처럼 엘살바도르 정부는 엘모소떼의 진실과 불편한 관계를 가질 수밖에 없었으나, 이와 더불어 이 사건의 향후 진행에 적극적 관심을 가질 수밖에 없었던 당사자는 미국이었다. 미국은 1970년대부터 중미에서 친미 반공산주의 정권을 유지하기 위하여 부단한 노력을 기울여왔으며, 특히 니카라과 혁명 이후인 1980년에는 총 1억 5천만 달러의 군사 경제 원조를 엘살바도르에 제공하였다(Montgomery, 1987: 275). 이와 같은 군사원조의 이유는 1981년 2월 미국무부가 '소련, 쿠바, 공산 진영들이 엘살바도르의 마르크스-레닌주의 게릴라에게 은밀히 군사지원을 하고 있다는 확실한 증거'(Holden and Zolov, 2000: 292-294)를 제시하며 엘살바도르에 대한 원조를 정당화한 것에서 잘 나타나 있듯이, 중미 지역에서 제2의 쿠바와 니카라과를 만들지 않겠다는 의지의 표현이었다. 그러나 이러한 원조가 항시 순탄하게 이루어진 것은 아니었다. 엘살바도르에 대한 미국의 원조는 항상 '인권'이라는 측면에서 자국 내 의회 및 시민사회, 그리고 국제사회로부터 비난의 대상이 되었다. 미국이 지원한 경제 및 군사원조가 엘살바도르의 인권유린 및 탄압에 사용되고 있다는 것이다. 이에 미국은 카터 행정부였던 1970년대 후반부터 엘살바도르 내 인권상황 등을 거론하며 군사원조 중단 등을 고려하기도 하였으며, 1980년 12월 3일 4명의 미국인 수녀가 엘살바도르 국가방위군에게 강간 살해당하자 곧바로 군사 및 경제 원조를 중단하기도 하였다. 하지만 미국의 원조는 곧바로 재개되었고, 여기에는 항상 '엘살바도르 내 인권 상황을 개선하기 위한 최선의 노력을 다할 것'이라는 단서가 붙었다.

이러한 상황에서 미국은 자국 언론을 통해 최초로 공식적으로 공개된 엘모소떼 사건의 쟁점화가 자칫 엘살바도르 원조 정책의 실수로 여

겨질 수 있으므로 당연히 반길 수 없는 것이었다.[19] 뉴욕 타임즈의 레이먼드 보너 기자와 워싱턴 포스트의 알마 길레모리에토 기자는 1982년 1월 FMLN의 도움을 받아 온두라스 국경을 통해 엘모소떼에 잠입하는 데 성공하였다. 이들은 학살 생존자인 루피나와 여러 목격자들을 인터뷰하였고, 마침내 사건의 전모를 1982년 1월 27일자 뉴욕 타임즈와 워싱턴 포스터지를 통해 세상에 공개하였다.[20] 1968년 베트남 전쟁 당시 미라이(My Lai) 학살 사건[21]이 가져다 준 영향력을 너무나 잘 알고 있던 미국으로서는 엘모소떼 사건을 쉽게 취급할 수 없었다. 특히 엘모소떼 학살이 미라이 사건처럼 미군에 의해 직접적으로 자행된 학살은 아니었지만, 학살의 주력부대인 아뜰라까뜰이 미국에 의해 훈련된 부대였고 자칫 엘살바도르에 대한 미국의 군사원조가 인권이라는 측면에서 실패로 낙인찍힐 수도 있다는 점에서 큰 파장을 불러일으킬 수 있었다.

엘모소떼 사건의 보도 이후 미국 정부는 즉각 모라산 작전 지역 내에서의 학살을 부정하였다. 신문기사 발표 이후 미국무부 차관보였던 토마스 엔더스는 신문기사 내용을 공격하면서 '엘살바도르 정부군이 조직적으로 민간인을 학살했음을 확인할 수 있는 어떠한 증거도 발

---

19) 1982년 2월 미국에서 실시된 갤럽 조사에 의하면, 미국민의 89%가 군대의 엘살바도르 파병에 반대한 가운데 단지 8%만이 이에 대해 찬성하고 있었다(Whitehead 1983, 338). 이 조사의 결과가 엘모소떼 학살과 어느 정도 관련이 있는지는 몰라도, 조사가 진행된 시기적 측면에서 보았을 때 당시 미국 정부가 엘모소떼에 대해 어떤 자세를 취해야 하는지를 짐작할 수 있다.

20) New York Times(January 27, 1982), "Massacre of Hundreds Reported In Salvador Village" 참조.

21) 미라이 사건은 1968년 3월 16일, 베트남 중부 꽝아이(Quang Ngai) 성 선미(Son My) 마을에서 미군 23사단 11여단 20연대 1대대 소속의 찰리 중대가 게릴라를 토벌한다는 미명하에 여성과 어린이가 포함된 주민 504명을 학살한 사건이다. 이 사건은 이후 미국 내 반전운동을 격화시켜 베트남에서의 미군 철수를 이끌어내는 데 중요한 역할을 하였다.

견할 수 없었다'라고 말했다. 1982년 2월 8일, 미국무부 인권 차관보였던 엘리어트 아브람스 역시 미 상원에서 '엘모소떼에 관한 기사가 신빙성이 없으며, 단지 FMLN에 의한 선전선동'일 뿐이라고 보고하였다. 또한 1982년 6월 주엘살바도르 미대사였던 힌튼(Deane Hinton)은 미상원이 엘살바도르의 군사원조금을 백만 달러나 삭감하려는 데 반대해 직접 미국으로 날아갔으며, 학살을 폭로한 레이먼드 보너를 '편향된 기자'(advocate journalist)라 칭하며 맹비난하였다(Miller, 2010: 3). 이와 같은 분위기 속에서 엘모소떼 학살은 미국과 엘살바도르 양국 모두에서 점점 대중들의 뇌리에서 잊혀져갔다. 그러나 이 와중에도 아뜰라까뜰 부대는 1989년 11월 6명의 예수회 신도 살해 등을 포함한 다양한 학살과 테러에 투입되었다.

이렇듯 철저히 진실이 차단되었던 엘모소떼 학살의 공개는 10여 년이 지난 1989년에 이후에야 진실규명의 물꼬를 틀 수 있었다. 이 시기는 끄리스띠아니 대통령이 FMLN과의 평화협상을 본격화하던 시기로서, 대학살을 피해 북부 모라산 지역을 떠나 온두라스의 꼴로몬까구아(Colomoncagua) 난민캠프에 거주하던 많은 피난민들이 고향으로 돌아온 시기이기도 하였다. 당시 고향으로 돌아온 피난민들 중에는 루피나를 비롯한 다수의 엘모소떼 마을 사람들이 포함되어 있었다. 이들은 엘살바도르로 돌아온 후 엘모소떼 학살의 진상에 대해 본격적으로 증언하기 시작하였는데, 특히 1990년 10월 26일, 아뜰라까뜰 부대에 의한 라호야 마을 학살에서 유일하게 생존하였던 치까스(Pedro Chicas Romero)[22]가 산살바도르 대주교 인권사무국인 뚜뗄라 레갈(Tutela Legal)의 도움을 받아 아뜰라까뜰 부대를 살인혐의로 법원에 형사고발하였을 때 루피나

---

22) 라호야 마을의 주민이었던 치까스는 아뜰라까뜰 부대가 마을주민을 학살할 당시 기적적으로 마을 근처 동굴에 몸을 숨겨 생존할 수 있었다(Miller et al, 2010: 4).

를 포함한 5명의 증인이 법정 증인으로 출석하기에 이른다. 당시 재판을 담당한 곳은 산프란시스코 고떼라에 위치한 지방법원으로서 재판관은 뽀르띠요(Federico Ernesto Portillo Campos) 판사였다. 재판 과정에서 학살의 진상규명을 방해하기 위한 다양한 시도들이 행해졌으나, 결국 재판부는 1992년 봄 엘모소떼 사건의 진실을 규명하기 위해 아르헨티나 법의학 팀(Equipo Argentino de Antropología Forense; 이하 EAAF)에 의한 유해 발굴을 인준하기에 이른다. 재판부가 이와 같은 결정을 하게 된 이유에는 재판이 열리는 사이 '산호세 협정'(1990년 7월 26일)으로부터 '차뿔떼뻭 협정'(1992년 1월)에 이르는 일련의 평화협정이 체결되고 이로 인해 진실위원회가 출범했다는 것이 중요한 영향을 미쳤다. 하지만 이러한 제도적 성과와 더불어 진실규명을 염원하는 유족과 생존자, 지역주민들의 투쟁이 없었으면 이루어질 수 없었을 것이다.

유해 발굴은 엘살바도르 군부 및 고위층의 은폐공작에 의해 자칫 교착상태에 빠질 수 있었던 엘모소떼 학살의 진실을 규명하게 한 가장 큰 무기였다. 하지만 이 과정 역시 평탄하게 이루어진 것은 아니었다. 특히 법의학과 고고학적 전문가가 전무했던 엘살바도르에 EAAF를 초청해 발굴을 수행하는 과정에서 엘살바도르 정부의 각종 방해 공작이 시도되었다. 당시 엘살바도르 대법원장이었던 카스트로(Mauricio Gutiérrez Castro)는 1991년 7월 유해 발굴을 위해 외국인 전문가의 파견이 필요하다는 지방 법원의 요청을 약 9개월 동안 허락하지 않다가, 1992년 4월 29일 엘살바도르 유엔 감시단 인권분과(Human Rights Division of the United Nations Observer Mission in El Salvador; ONUSAL)가 이 과정에 개입한 후에야 허가하였다. 또한 카스트로는 1992년 7월 16일, 엘살바도르 진실위원회 구성원이 그를 방문하였을 때 '법원에 의한 엘모소떼 발굴에서는 단지 게릴라들의 시체만을 발견할 수 있을 것'이라고 '비아냥거리기'

도 하였다.

카스트로의 비아냥과 함께 EAAF에 의해 시작된 엘모소떼 유해 발굴은 1992년 10월 13일부터 11월 17일까지 진행되었다. EAAF는 학살 후 폐허로 방치되어 있던 성구실(sacristy)에 대한 발굴을 실시하여 최소개체수(MNI: Minimal Number of Individuals) 143구의 유해를 수습하였다. 감식 결과 사망원인은 총상 및 외부충격이었으며, 사망자의 85%가량인 131구의 유해가 12세 이하(평균 6세)의 어린이였고[23] 1명의 임산부가 포함된 것으로 판명되었다. 또한 발굴을 통해 수거된 245개의 총기 카트리지를 분석한 결과 학살에 사용된 무기는 미국 미주리 주 레이크 시티에서 제작된 M-16 소총인 것으로 드러났다(United Nations, 1993; Danner, 1993; EAAF 2006). M-16 소총은 1981년 당시 아뜰라까뜰 부대의 주력 화기였다. 성구실 발굴 결과는 1992년 10월 22일 뉴욕 타임즈와 워싱턴 포스트의 헤드라인을 장식하는 등 곧바로 주요 언론의 집중적 관심을 받았고[24], 이후 1993년 3월 15일 엘살바도르 진실위원회의 최종보고서에 실려 전 세계에 공개되었다. 보고서 발표 이후 카스트로와 같이 엘모소떼에서 사망한 이들의 대부분이 게릴라들이었다는 주장은 유해의 감식 결과를 토대로 자취를 감추게 되었다. 많은 사람들은 1982년 엘살바도르와 미국 정부가 부인했던 대규모 학살이 실제 있었던 일이었고, 엘살바도르

---

23) EAAF의 2005년 연간 보고서에는 1992년 엘모소떼에서 발굴된 유해 중 12세 이하의 어린이가 136구임을 밝히고 있다(EAAF 2006, 102). 법의학적으로 볼 때 발굴된 유해를 어린이로 확정하는 경우는 성별 확인이 불가할 때(undetermined of sex) 판명하는 경우가 많다. 이러한 이유는 유해에서 남성과 여성의 차이를 보여주는 특징이 사춘기부터 발생하기 때문이다. 필자가 생각하기에, 1992년과 2005년의 어린이 유해 통계가 틀린 것은 아마도 발굴 이후 계속적인 실험실에서의 추가 작업을 통해 성별 불가 확인 유해의 수가 변경되었기 때문인 것으로 보인다.

24) New York Times(October 22, 1992), "Salvador Skeletons Confirm Reports of Massacre in 1981" 참조.

가 항구적인 평화를 성취하기 위해서는 이러한 과거를 반드시 청산하고 가야 한다는 입장에 동의하게 되었다.

그러나 진실이 규명되었다고 하여 이에 대한 책임과 국가사죄가 곧바로 이어진 것은 아니었다. 엘살바도르 진실위원회는 조사기간 동안 엘모소떼와 관련한 출판물, 문서, 법원 기록 등을 검토하여 국방장관 및 합참의장에게 당시 작전에 참여했던 부대와 지휘관에 대한 정보를 요구했으나, 돌아온 대답은 '자료 없음'이었다. 오히려 진실위원회 보고서가 공개되기 하루 전인 1993년 3월 14일, 엘살바도르의 대통령이었던 끄리스띠아니는 언론을 통해 '진실위원회의 보고서가 전 국민이 갈망하는 국가적 화해를 이루는 데 실패했다'고 말하며, 과거 고통스러운 과거를 용서하고 잊는 것이 중요하다고 말하였다. 여기에는 물론 엘모소떼 사건을 포함한 내전 기간의 모든 인권침해 사건들이 포함되어 있었다. 이러한 끄리스띠아니의 의지는 진실위원회 보고서가 공개된 지 불과 5일 후인 3월 20일 진실위원회 보고서에 거명된 모든 가해자들을 일괄적으로 사면하는 '사면법'이 의회를 통과함으로써 극명하게 드러났다(Hayner 2002: 40). 결국 사면법이 통과됨으로써 엘모소떼 학살과 연관된 가해자들을 심판하는 것은 불가능하게 되었고, 이후 유해 발굴 역시 중지될 수밖에 없었다.[25]

---

25) 1992년 11월 17일 성구실에 대한 유해 발굴이 종료된 이후, 추가적 발굴은 1993년 1월에 진행되었다. 이 당시 발굴 대상 지역은 성구실로부터 동쪽으로 50미터 떨어진 곳에 위치해 있던 호세 마리아(José María Márquez)의 집으로서, 학살 당시 많은 주민들이 감금되어 있던 곳이다. 이곳에서 발굴팀은 불에 타 심하게 손상된 많은 유해들을 확인했으며, 집에서 거대한 폭발이 발생했음을 짐작케 하는 정황을 포착하였다. 또 다른 발굴지는 디아스(Benita Díaz)의 집으로서, 이곳에서 발굴팀은 목이 잘린 성인의 유해를 확인하였다. 발굴은 1993년 1월 25일 재발굴 추진을 기약하며 미완인 상태로 완료되었으나 이후 발굴팀의 엘살바도르 귀환은 성사되지 못했다(Binford, 1996: 136-138).

5) 엘모소떼 학살의 의미와 향후 과제

(1) 냉전과 미국 : 초토화 학살

엘모소떼 사건은 엘살바도르 현대사뿐만 아니라 라틴아메리카 역사에서 상당히 중요한 상징성을 부여할 수 있다. 먼저 엘모소떼 사건은 민간인 학살의 유형적 측면에서 볼 때 한 공동체에서 발생한 라틴아메리카 최대의 민간인 '초토화(scorched earth) 학살'이라는 점에서 큰 의미를 가진다. '물을 제거한 후 물고기를 잡는다'(Pump out the water and catch the fish), 이 말은 과거 모택동의 유격전술과 연관된 것으로서 게릴라 활동지역에서 적과 내통했을 것으로 짐작되는 '잠재적 적'을 사전에 초토화시킨다는 의미를 포함하고 있다. 이러한 지침은 전 세계 다양한 전쟁에서 실제 가용된 바 있는데, 예를 들어 이것은 베트남 전쟁 당시 수많은 게릴라와 전투를 수행한 외국 군대의 가장 중요한 비공식 지침이기도 하였다(Kown 2003, 28). 이것은 라틴아메리카의 아르헨티나 등을 비롯한 여러 국가에서 발생한 '실종자'(desaparecidos)적 견지의 학살 등과 비교해볼 때 차이점을 드러내고 있다. 아르헨티나를 비롯한 라틴아메리카 여러 국가에서 발생한 실종자적 견지의 학살은 특정인이 적법한 과정 없이 국가 공권력 혹은 대리인에게 납치 감금되어 학살된 경우를 말한다(CEJIL & HRWA, 1994: 1). 이것 역시 불법적인 학살이 실시된 것은 맞지만, 그 방식에 있어서 초토화 학살의 대상이 작전지역으로 설정된 지역 내의 모든 이들을 적에게 동조할 수 있는 '잠재적 제거대상'으로 취급한다는 측면에서 서로 차이점을 보이고 있다. 그러므로 초토화 학살은 개인의 희생뿐만 아니라 해당 공동체 및 인접지역의 총체적 문화를 말살시키는 결과를 초래하는 경우가 많다. 1981년 이후 엘모소떼를 비롯한 북부 모라산의 상당수 공동체들은 엘살바드르 정부군의 초토화 작전으로 인해 완전히 파괴되거나 주민의 대부분이 거주지를 옮겨야만 했다. 현재 북부 모라산에 위치한 세군도 몬뻬스(Ciudad Segundo Montes)는 1990년 대학살을 피해 온두라스 등으로 피난하였던 주민들이 엘살바도르로 돌아와 새롭게 건설한 공동체로서, 초토화 작전으로 인해 해당 지역의 공동체가 어떠한 형식으로 변동되어가는가를 보여주는 좋은 사례라고 할 수 있다.

반군 및 게릴라만을 작전대상으로 선정하는 것이 아니라 사실상 특정 공동체의 전체 주민 모두를 '진압의 대상'으로 설정하는 '작전으로서의 학살'(김동춘, 2000: 211-219)[26]은 특히 동서 냉전이 극한으로 치닫던 시기에 전 세계 다양한 지역에서 발생하였다. 가까운 사례로서 한국의 경우만 보더라도, 1948년 대한민국 정부수립 이후부터 1953년 한국전쟁 종전까지 게릴라(남조선 인민유격대 혹은 빨치산)와 정부군의 대치과정에서 적성지역으로 분류된 수많은 지역이 민간인 학살 대상이 되었다.[27] 또한 엘살바도르의 인접국인 과테말라 역시 1978년부터 1982년까지 진행된 '라 비올렌시아'(La Violencia) 기간 중 정부군과 반군(Union Revolucionaria

---

26) 김동춘(2000)은 한국전쟁 당시 남한의 정부군에 의해 자행된 민간인 학살을 분류하면서, 크게 '작전으로서의 학살', '처형으로서의 학살', '보복으로서의 학살'이라는 범주를 설정하였다. 한국전쟁 당시 대표적인 '처형으로서의 학살'로는 국민보도연맹원 및 전국 형무소재소자 학살을 들고 있고, '보복으로서의 학살'로서 대표적인 사례는 부역혐의자에 대한 학살을 꼽을 수 있다.

27) 이의 가장 대표적인 사례로 는 제주 4·3사건과 문경석달마을 학살 등을 꼽을 수 있다. 제주 4·3사건은 1948년 11월부터 이듬해 5월까지 게릴라 토벌이라는 미명 하에 제주도 중산간 지역에 위치한 마을 100여 곳이 토벌군에 의해 모두 불태워졌고 남녀노소를 가리지 않은 수만 명의 민간인들이 학살되었다. 또한 문경석달마을 학살은 1949년 12월 24일, 경상북도 문경시 산북면 석봉리 석달동에 국군 제25연대 3중대 소속 군인 100여 명이 주택 24가구를 전소시키고 주민 81명이 사살된 사건이다.

Nacional Guatemalteca; URNG) 사이에 위치해 있던 626개의 마을이 초토화 작전의 대상이 되어 약 200,000명의 (마야)원주민이 학살되었다(CEH, 1999; Sanford, 2003).[28] 냉전의 극단점을 기록했다고 볼 수 있는 베트남 전쟁에서도 이와 같은 초토화 학살이 진행되었다. 베트남에서는 미국과의 전쟁이 한창이던 1960년대 중후반, 꽝남(Quangnam) 성과 꽝아이(Quangai) 성 등의 중부지방에서 베트꽁(Viet Cong)과의 연계가 '의심'되는 수많은 공동체에서 한국군과 미군, 남베트남 군에 의한 민간인 학살이 자행되었다. 이로 인해 그 학살 지역의 공동체는 상당할 정도의 문화변동을 겪었으며, 전 세계적으로 잘 알려진 미라이 학살 및 하미(Ha My) 학살 역시 이러한 상황하에서 발생한 것이었다(Kwon 2003). 이외에도 수많은 사례들이 존재하고 있지만, 대표적으로 위에서 언급한 민간인 학살은 자국의 독특한 정치적 환경에 따라 차이점을 가질 수 있으나 동서 냉전의 이데올로기 구조가 생활의 가장 최저 단위라 할 수 있는 공동체의 파괴와 변동을 조장하였다는 점에서 공통점을 지니고 있다. 이와 같은 견지에서 엘모소떼 학살은 학살의 형태 및 시기적 측면을 고려할 때 중미지역에서 조장된 동서 냉전의 구조가 어떠한 형태로 공동체에 악영향을 미쳤는가에 대해 가늠해볼 수 있는 좋은 사례이다. 그러므로 이 학살은 단순히 엘살바도르 '내전의 상처'로만 언급할 수 있는 것이 아니라 중미지역에서 진행된 냉전의 상처를 대표할 수 있는 특별한 표상으로 기능한다고 볼 수 있다.

초토화 학살의 측면에서 엘모소떼 학살을 설명할 때, 그 원인 제공자

---

28) 과테말라의 과거청산 기구였던 '역사정의위원회'(The Commission for Historical Clarification)는 1999년 발간된 최종보고서에서 과테말라의 내전과 무장화, 양극화 등이 국내적 상황에만 기인한 것이 아니라 냉전이 상당히 중요한 역할을 했음을 밝히고 있다(CEH, 1999).

로서 빼놓을 수 없는 대상은 미국이다. 미국은 19세기부터 대서양과 태평양을 가로지를 수 있는 무역로를 가진 중미를 동경했으며, 이러한 관심은 중미 국가의 내정에 대한 불법적 개입과 간섭으로 나타났다. 특히 쿠바가 공산화되고 냉전이 본격화되자 중미에 대한 미국의 정책은 보다 공격적으로 변화하기 시작하였다. 앞장에서 기술한 바와 같이 미국은 중미지역에서의 헤게모니 장악과 대공산주의 압박 정책을 실시하기 위하여 1970년대부터 중미의 친미정권들에게 천문학적 규모의 군사원조를 실시하였으며, 이것은 1981년 레이건 행정부 출범 이후 더욱 강화되었다. 엘살바도르 역시 미국으로부터 상당한 규모의 경제 및 군사원조를 받았으며, 그 액수는 1979년 니카라과 혁명이 성공한 이후 계속적으로 증가되었다. 계속된 미국의 군사원조는 엘살바도르뿐만 아니라 전 세계로부터 비난의 대상이 되었는데, 그 주요 이유는 전 장에서 언급한 바와 같이 인권과 관련한 문제였다. 엘살바도르로 유입된 미국의 군사원조금은 민주주의를 요구하고 엘살바도르 정부를 비판하는 이들을 탄압하는 데 주로 사용되었는데, 이것은 필연적으로 국가의 부당한 폭력과 인권침해 문제를 가중시키는 역할을 하였다. 특히 엘살바도르에서는 1970년대부터 일부 권력자에 의해 운영되어온 암살단에 의해 수많은 민주인사 및 민간인들이 목숨을 잃었는데, 1981년 초반 3개월 동안만 약 689건의 정치적 암살이 발생하였다(Mazzei, 2009: 175). 이에 대해 로마교황청에 의해 20세기 계파를 초월한 기독교 순교자로 선정되었던 로메로 엘살바도르 대주교는 1979년 카터 대통령에게 보내는 서한에서 '계속되는 미국의 군사원조로 인한 인권침해가 중지'되기를 바라는 서한을 보내기도 하였으나, 얼마 지나지 않아 그 역시 설교 도중 암살되었다. 미국은 카터 행정부 당시 로메로 주교의 암살 직후 엘살바도르에 대한 군사원조를 잠시 중단하기도 하였지만, 한 달도 지나지 않은 1980

년 4월 2일 570만 달러의 군사원조를 승인하였다. 이후로도 1980년 9월 경제원조 2,000만 달러, 1980년 12월 4,550만 달러, 1981년 1월 14일 군사원조 540만 달러(6명의 군사고문관 포함), 1981년 1월 18일 500만 달러의 군사원조(3팀의 군사고문관 파견 포함) 등이 계속적으로 이어졌다(Montgomery, 1987: 274-275). 특히 미국은 1981년 레이건 행정부 출범 이후부터 단순히 자금만을 원조로 지급하는 것이 아니라, 보다 공격적으로 엘살바도르 자체적으로 자국 내 '불순분자'를 진압할 수 있는 능력을 배양하기 위해 군사고문관 파견 등의 지원을 아끼지 않았다. 엘모소떼 학살을 주도했던 아뜰라까뜰 부대는 바로 이러한 군사고문관으로부터 훈련을 수료한 최초의 부대였다. 결국 엘모소떼 학살은 레이건 행정부 출범 이후 보다 공격적으로 변화한 미국의 대중미 외교정책이 가져다준 최초이자 최악의 사례가 된 것이다.

(2) 위령과 기념

엘모소떼 학살은 엘살바도르 과거청산 과정을 통해 진실이 규명되었다. 엘살바도르 과거청산은 성공적인 위원회 구성과 활동이라는 측면에서 전 세계 진실위원회 사례에서 귀감이 되었다. 하지만 위원회 종료 이후 제시된 각종 권고사항과 가해자에 대한 처벌은 전혀 이행되지 않았으며, 단지 평화협정을 성사시켜 내전을 종식하는 데 가교적 역할만을 하였다(Popkin, 2004: 2). 이것은 엘살바도르 과거청산의 목표가 아르헨티나 및 칠레와 같이 독재정권이 종식된 이후 구시대의 악행과 부조리를 청산하는 데 있기보다, 냉전의 막바지 즈음에 내전을 종식하기 위한 하나의 전술적 역할을 하였기 때문이다. 하지만 과거청산의 특성이 어떠하던 간에 진실규명 이후 가장 중요하게 대두되는 것은 희생자의 넋과 그 가족들을 위로하는 위령(consolation)과 과거의 비참한 사건들을 현재의 사회에서 어떻게 기념(commemoration)하여 다시는 구시대의 악행이 재발하지 않도록 하는가에 있다.

엘살바도르의 과거청산은 위에서도 언급한 바와 같이 진실위원회가 제기한 권고사항 및 가해자 처벌이 순탄하게 이루어지지 않았다. 그러므로 1993년 진실위원회 종료 이후 대부분의 사건은 적절한 기념과 위령의 대상이 되지 않았던 것도 사실이다. 이러한 '기념과 위령'의 차원에서 엘모소떼 사건은 여타의 엘살바도르 과거청산 대상과 비교했을 때 차이점을 가지고 있다. 가장 큰 차이점으로 언급할 수 있는 것은 유해 발굴의 실행이다. 유해 발굴은 진상규명이라는 과거청산의 제1차적 범주를 이루기 위해 실행하기도 하지만 이와는 별도로 '비정상적 죽음' (uncommon death)(Robben, 2004: 5-7, 134-148)[29]을 당한 이의 유해를 발굴하여 재매장함으로서 이들의 영적 존재에 상징적인 원상회복을 이루는 데 기여하기도 하며, 발굴된 유해 및 발굴지를 중심으로 위령사업을 촉진시킬 수 있다(노용석, 2010: 68). 그러므로 유해 발굴의 실행은 단순히 죽은 자의 시체를 땅 속에서 수습하는 데 의미가 있는 것이 아니라, 발굴된 대상들이 향후 어떤 추가적 '기념' 행위들을 양산시키며, 이것이 향후 해당 사회의 정치문화에 어떠한 영향을 미치는가에 초점이 맞추어질 수 있다.

1993년 이후 중지되었던 엘모소떼 유해 발굴은 뚜뗄라 레갈과 유

---

29) 로벤은 인간의 죽음을 '좋은 죽음'(good death)과 '나쁜 죽음'(bad death), 그리고 '비참한 죽음'(tragic death)이라는 범주로 분류한 후, 다시 비참한 죽음의 실제 사례에는 마법(witchcraft)과 신탁(oracles)에 의한 죽음, 생매장(burial alive), 국가폭력(state terror)에 의한 죽음 등이 포함될 수 있음을 기술하고 있다. 특히 그는 1984년부터 '더러운 전쟁'(dirty war) 시기 실종되었던 희생자들의 유해 발굴이 이루어지고 있는 아르헨티나 사례를 언급하면서, 유해 발굴이 법의학적 증거찾기의 기능뿐만 아니라 희생자 영혼의 안정과 위령 사업에 있어 중요한 역할을 하고 있음을 밝히고 있다.

족 등의 끈질긴 요구에 의해 2000년부터 다시 재개되었다. EAAF는 엘
모소떼를 비롯한 북부 모라산 지역 학살 피해 마을에 대한 유해 발굴
을 2000년, 2002년, 2003년, 2004년 추가적으로 실시하여 139구의 유해
를 새로이 수습하였다(EAAF, 2006: 102).[30] 이렇게 발굴된 유해들은 진실
을 규명하기 위한 증거로서의 기능뿐만 아니라, 엘모소떼 사건을 어떻
게 위령하고 기념하며 기억하는가의 문제로 발전하는 데 중추적 역할을
하게 된다. 가장 최초의 대중적 위령행사는 최초의 유해 발굴이 종료된
1992년 12월 12일 모라산 주의 알람바라에서 개최되었다. 당시 이 행사
에는 엘모소떼 학살의 생존자인 루피나를 비롯해 유족들, 시민사회단
체, 종교단체 관계자 등 500여 명이 참석하였다. 특히 12월 12일은 평화
협정이 발효하여 FMLN의 무장해제가 실시되기 3일 전으로서, 멜렌데
스(Jorge Meléndez)와 같은 FMLN(ERP계열) 지휘부도 이날 행사에 참여하여
엘모소떼 학살의 희생자들을 추모하였다. 또한 1992년 성구실에서 발
굴된 유해 143구는 EAAF에 의해 보관되어오다, 1994년 12월 11일 엘
살바도르 인권단체들의 계속된 요구에 의해 엘모소떼로 돌아와 마을
인근에 재매장될 수 있었다. 유해의 재매장 행사는 1994년 12월 10일

---

30) 1992년부터 2004년까지 엘모소떼에서 진행된 EAAF의 유해 발굴 결과는 다음과
같다.

연도	연령	남성	여성	성별불능	MNI 총계
1992	12세 이하			136	136
	12세 이상	1	6		7
2000	12세 이하			23	23
	12세 이상	3	11		14
2002	12세 이하	6	4	2	12
	12세 이상	5	5		10
2003	12세 이하	3	1	21	25
	12세 이상	7	8	18	33
2004	12세 이하			13	13
	12세 이상	1	5	3	9
MNI 총계					282

오후 3시부터 다음 날 오전 6시까지 천여 명의 추모객이 방문한 가운데 거행되었고, 143구의 희생자 유해는 모두 4개의 관에 나누어 합장된 후 재매장되었다.

위와 같은 엘모소떼 피학살자들에 대한 유해 발굴 및 재매장 과정은 엘살바도르 과거청산 대상의 위령사업을 촉진시킬 수 있는 중요한 거점으로서의 역할을 하고 있다. 현재 북부 모라산 뻬르킨에 '혁명박물관'[31]이 개관되어 엘살바도르 내전 당시의 각종 자료들과 유물들을 공개하면서 전쟁의 참화를 다시 재발하지 않도록 노력하고 있는 것은 엘모소떼 학살이 이 부근에서 발생하였고 유해 발굴이 이루어졌다는 것과 전혀 무관하지 않다. 특히 유해 발굴 후 진행되고 있는 일련의 기념·위령사업들이 정부의 공식적인 지원에 의해 운영되는 것이 아니라 시민사회단체와 유족 등에 의해 진행되고 있는 것은 '과거에 대한 망각'을 원하는 정부와 이로부터 자신들의 기억과 아픔을 통해 미래를 지향하는 시민사회의 노력이 깃든 엘살바도르 과거청산의 한 특징을 엿볼 수 있게 한다. 이것은 곧 엘모소떼 학살이 시민사회 스스로에 의한 '역사적 기억회복 운동'이라는 차원에서도 상당히 중요한 의미가 있음을 말한다. 1989년 이후부터 엘모소떼와 인근 학살 피해지역 주민들은 사건의 진상규명을 위해 고통스러웠던 과거사실을 증언하여왔다. 특히 이들은 법적인 측면에서 진상을 규명하고 가해자를 처벌하기 위해 법정

---

31) 엘살바도르 혁명박물관에는 내전 당시의 상황을 짐작케 하는 많은 유물들이 전시되어 있다. 먼저 박물관에는 라디오 벤세레모스가 사용한 기기들이 전시되어 있고, 아뜰라까뜰 부대의 지휘관이었던 몬떼로사 중령이 탑승해 있다 추락한 헬기의 잔해를 볼 수 있다. 그리고 박물관의 한 구역은 엘모소떼 유해 발굴과 관련한 현장 사진과 여러 기록들이 전시되어 있다. 또한 박물관 외부에는 내전 당시 정부군의 공중폭격으로 인해 발생한 웅덩이와 당시 폭격에 사용된 미국산 500파운드 포탄이 위치해 있다.

증언까지 실시하였다. 비록 이와 같은 법정투쟁의 결과는 주민들의 의도대로 이루어지지 않았지만, 과거 처참했던 사건의 실상들이 피해자들의 입을 통해 구술되고 이에 대한 기록이 이루어졌다는 것은 소위 '기억의 정치'와 담론의 활성화라는 측면에서 상당히 중요한 시도들로 인식될 수 있다.

(3) 소결 및 향후 과제

엘살바도르 과거청산은 여러 가지 부분에서 타 사례와 비교해 독특한 특성을 가지고 있다. 먼저 과거청산의 시작이 명확한 이행기를 경험하지 않은 채 내전을 종식하기 위한 하나의 전략으로 작용했다는 특징을 가지고 있고, 그 과정에서 세계 최초로 특정 국가의 정치적 과거청산에 유엔이 개입하였다는 특성을 지니고 있다. 엘살바도르는 구(舊)정권이 붕괴한 후 과거청산이 시작된 것도 아니었고, 과거청산 이후 새로운 정부가 구성되지도 않았다. 과거청산을 전후하여 권력을 장악하였던 군부 및 기존 지배세력은 2009년까지 줄곧 정권을 장악하였고, 단지 바뀐 점이 있다면 비제도권에 속해 있던 FMLN이 제도권 정당으로 결합한 것뿐이었다. 이러한 점은 엘살바도르 내전이 단순히 국내적 정치상황에 기인하기보다는 냉전이라는 좀 더 복합적인 측면과 연계되어 있고, 평화협정을 위한 협상이 시작된 1980년대 말이 냉전의 마무리에 위치해 있었다는 또 다른 특징에 의거해 형성된 것이다.

이러한 측면에서 볼 때 엘살바도르 과거청산은 자칫 허울만 무성한 채 내전 종식을 위한 형식적 도구로 활용되거나 '보여주기식' 정치적 협상의 결과로 전락할 수도 있었다. 실제로 1993년 엘살바도르 진실위원회 보고서가 발간된 이후, 위원회의 각종 권고사항들은 군부와 여당(ARENA)의 반대에 부딪쳐 제대로 이행된 것이 없었다. 이처럼 엘살바도르 과거청산의 실행이 명확한 정치적 변화 없이 실행되는 과정에서, 엘모소떼 학살의 처참한 진실이 국내뿐 아니라 국제적으로도 크게 부각된 것은 과거청산이 평화협상 과정에서 보다 철저히 다루어져야 할 과제임을 상기시킬 수 있는 계기가 되었다. 특히 유해 발굴을 통한 엘모소떼 학살의 재구성은 중미 냉전의 참혹성을 구체적 실상으로 폭로하는 동시에 엘살바도르 과거청산에 있어서 향후 어떤 과제들에 주목해야 하는가를 보여준 중요한 사례로 작용하였다. 즉, 과거청산이 진실위원회 보고서 및 권고사항의 제출로 끝나는 것이 아니라 피해자들에 대한 배보상 및 가해자 처벌, 그리고 기념사업으로 이어져야 한다는 교훈을 던져준 것이다.

위와 같은 의미의 발견에도 불구하고 엘모소떼 학살은 아직까지 더욱 많은 분야에서 분석을 요하고 있다. 이 중 가장 중요한 것은 향후 엘모소떼 사건이 엘살바도르 사회에서 어떠한 위상의 변화를 겪을 것인가에 대한 부분이다. 전술한 바와 같이 2009년 FMLN은 제도권 정당으로 전환한지 20여 년 만에 정권을 장악하는 데 성공하였으며, 2014년 대선에서도 승리하였다. FMLN은 엘모소떼 사건 발발 직후부터 지대한 관심을 가지고 있었으며, 지속적으로 이 사건의 진상규명을 요구한 정치조직이었다. 또한 FMLN은 사면법의 발효로 인해 내전 당시 수많은 인권침해 가해자들이 '자유'를 누리는 것에 대해 끊임없이 비판을 제기하여왔다. 그러나 당시와 현재의 상황은 분명 극명하게 틀린 것이 사실이다. 이제 FMLN은 엘모소떼 학살 및 과거청산의 완료만을 주장할 수 없는 집권정당으로서 향후 엘살바도르정국의 전체적 측면을 포괄적으로 고려해야 하는 위치에 놓여 있다. 그러므로 향후 FMLN이 엘모소떼 사건과 완료되지 못한 과거청산 대상에 대해 어떠한 태도를 취할 것인가는 엘살바도르 과거청산의 본질적인 측면을 이해할 수 있게 한다. 즉 엘살바도르의 과거청산이 내전을 종식하기 위한 전술적 단계였는가? 그렇지 않다면 FMLN은 앞으로 엘모소떼 및 내전 당시의 각종 인권침해 사건들에 대해 어떠한 후속조치를 취하게 될 것인가를 분명하게 보여줄 수 있다. 이러한 중대한 연구 과제들은 과거뿐만 아니라 현재의 엘살바도르를 이해하는 데 큰 도움이 될 것이며, 아울러 세계 각국에서 진행되었던 과거청산 중 특이한 유형의 연구사례로 주목받게 될 것이다.

엘살바도르 내전 우익의 대명사 몬떼로사 중령
(*Domingo Monterrosa Barrios*)

✤

　몬떼로사 중령은 엘살바도르 내전에 있어서 우익과 정부군을 상징하는 대표적인 인물이었다. 그는 1963년 헤라르도 바리오스(Gerardo Barrios) 군사전문학교를 졸업하면서 전형적인 군인으로서의 길을 걷게 된다. 그는 이후 파나마에 주둔하고 있던 미국의 군사고문관으로부터 군사학적인 측면의 교육을 받게 되고, 이후 대공산주의 반란진압 전술을 공부하기 위해 타이완으로 파견되어 근무하기도 하였다. 또한 몬떼로사는 엘살바도르 최초의 낙하산 강하 부대원으로 훈련을 받기도 했었다. 이렇듯 착실히 군인 과정을 밟아나가던 몬떼로사는 1972년 엘살바도르 대통령 선거에서 군부가 아니었던 기독민주당의 두아르떼 후보가 '명백한' 부정선거로 패할 당시, 힘으로 권력을 장악한 몰리나 장군의 측근으로 발탁되면서 본격적으로 그의 이름이 세간에 오르내리게 된다. 몬떼로사는 이때부터 군사독재 정권의 '하수인'으로서 자신의 임무를 수행하기 시작한다. 하지만 몬떼로사의 명성이 대외적으로 확인된 계기는 엘살바도르 내전이 본격화되던 1981년, 엘살바도르 정부군에 의해 무자비한 민간인 학살이 진행되면서부터였다. 몬떼로사는 1981년 미국의 레이건 행정부로부터 진행된 군사원조의 일환으로 대게릴라전을 수행하게끔 구성된 아뜰라까뜰의 최고 지휘자로 활약하면서 엘모소떼 학살 등을 지휘하였다. 주변의 증언에 의하면 몬떼로사 중령은 상당히 '희귀한' 성격을 가진 자로서 군인정신이 투철한 사람이었다. 그에게 중요한 것은 모라산 지역에 주둔하고 있던 게릴라 세력을 섬멸하고 대정부 비방 방송을 일삼고 있던 라디오 벤세레모스를 파괴하는 것뿐이었다. 당시 모라산 지역의 주민들에게 그는 '왕'과 같은 이미지였으며, FMLN에게는 반드시 사살해야 할 '복수의 대상'이었다. 1984년 몬떼로사는 기독민주당의 두아르떼 대통령이 내전을 종식하기 위한 평화협상을 FMLN과 진행하고 있을 때에도, 다시 모라산 지역에서 '또로라Ⅳ'(Tolora Ⅳ)라는 대규모 군사작전을 감행하였다. 이 당시 몬떼로사의 진압군에게는 미국으로부터 공수된 휴이 헬기 10대가 있었다. 몬떼로사는 이 헬기를 이용하여 게릴라 토벌에 나서는 한편, 뉴욕타임즈의 기자에게 '전쟁은 계속되고 있다'는 말을 하며 엘살바도르 내전의 종식 가능성에 대한 자신의 입장을 밝히기도 하였다. 몬떼로사의 이와 같은 행동은 당시 모라산 지역의 반군 지도자였던(ERP계열) 비야로보스(Villalobos)를 자극하였으며, FMLN이 그를 제거하는 구체적 작전을 구상하는 계기가 되었다. 비야로보스의 몬떼로사 제거 작전은 신속히 진행되었다. 1984년 10월 23일, '또로라Ⅳ' 작전이 한창 수행 중이던 시기에 몬떼로사는 게릴라의 송신기(transmitter)가 발견되었다는 소식을 접하고 현장으로 이동하였다. 몬떼로사는 이동하면서 이 귀중한 '전리품'을 이용해 게릴라를 섬멸하겠다는 마음뿐이었을 것이다. 하지만 FMLN의 지도자였던 비야로보스의 증언에 의하면, 이것은 철저히 계획된 함정으로서 송신기에는 FMLN이 제작한 특수 부비트랩이 설치되어 있었다. 결국 몬떼로사는 자신의 헬기 안에서 무선조종기로 조작된 부비트랩의 폭발로 인해 생을 마감하게 되었다. 1980년대 전 세계 냉전을 주도하였던 '한 군인'이 사라진 것이다. 몬뗴로사는 사망 직후 엘살바도르 국회로부터 '전쟁영웅'의 칭호를 수여받았으나, 현재 그의 행적을 알 수 있는 증거는 모라산 주 뻬르낀(Perquin)의 혁명박물관에 전시된 몬뗴로사가 희생된 헬기의 잔해일 뿐이다. 역사는 구체적 사실의 연속으로만 설명할 수 있는 것이 아니며, 때로는 개인의 일생을 통해 그 상황을 더욱 현실적으로 직시할 수도 있다. 냉전의 가장 최전선에서 질곡의 현대사를 경험하였던 엘살바도르가 자신들의 역사에 대해 어떤 평가를 내릴 것인가의 문제는 바로 몬뗴로사와 같은 인물에 대해 어떻게 재평가를 하는가에 따라 달라질 수 있을 것이다.

몬떼로사가 탑승했다 폭발한 헬기의 잔해

몬떼로사 중령(오른쪽)의 모습
(출처 : https://www.google.co.kr/)

| 참고문헌 |

김동춘 2000. 『전쟁과 사회』. 서울: 돌베개.

노용석 2010. 「라틴아메리카의 과거청산과 유해 발굴」, 『이베로아메리카』 제12권 2호. 부산외국어대학교 라틴아메리카지역원.

Almeida, Paul D. 2008. *Waves of Protest -Popular Struggle in El Salvador, 1925-2005*. Minneapolis: University of Minnesota Press.

Azpuru, Dinorah. 2010. The salience of Ideology: Fifteen Years of Presidential Elections in El Salvador. *Latin American Politics & Society*, summer 2010. 52: 2, p 103-138.

Binford, Leigh. 1996. *The El Mozote Massacre: Anthropology and Human Rights*. The University of Arizona Press.

Center for Justice and International Law & Human Rights Watch/ Americas. 1994. *The Facts Speak for Themselves*. Human Rights Watch.

Ching, Erik and Tilley, Virginia. 1998. Indians, the Military and the Rebellion of 1932 in El Salvador. *Journal of Latin American Studies*. 30, p 121- 156. Cambridge University Press.

Colburn, Forrest D. 2009. The Turnover in El Salvador. *Journal of Democracy* 20, 3: 143-52.

Danner, Mark. 1993. *The Massacre at El Mozote*. New York: Vintage Books.

EAAF. 2006. *Annual Report 2005*.

García-Godos, Jemima and Andreas O. Lid, Knut. 2010. Transitional Justice and Victims' Rights before the End of a Conflict: The Unusual Case of Colombia. *Journal of Latin American Studies* 42: 3, p 487-516.

Gat, Azar. 2006. *War In Human Civilization*. Oxford: Oxford University Press.

Greene, Samuel R, and Keogh, Stacy. 2009. The Parliamentary and Presidential Elections in El Salvador, March 2009. *Electoral Studies* 28: 666-669.

Hayner, Priscilla B. 1994. Fifteen Truth Commission-1974 to 1994: A Comparative study. *Human Rights Quarterly* 16: 4(November). p 597-655.

_____. 2002. *Unspeakable Truths: Facing the Challenge of Truth Commissions*. London: Routledge.

Holden, Robert H. and Zolov, Eric. 2000. *Latin America and The United States : A Documentary History*. New York: Oxford University Press.

Kaye, Mike. 1997. The Role of Truth Commission in the Search for Justice, Reconciliation and Democratisation: the Salvadorean and Honduran Cases, *Journal of Latin American Studies* 29, p 693-716.

Kincaid, A. Douglas. 1987. Peasants into Rebels: Community and Class in Rural El Salvador. *Comparative Studies in Society and History*, 29: 3. p 466-494.

Kown, Heonik. 2006. *After Massacre: Commemoration and Consolation in Ha My and My Lai*. London: University of California Press; 유강은 역(2012), 『학살, 그 이후』, 아카이브.

Lindo-Fuentes, Héctor & Ching, Erick & Lara-Martínez, Rafael A. 2007. *Remembering a Massacre in El Salvador: The Insurrection of 1932, Roque Dalton, and the Politics of Historical Memory*. University of New Mexico Press.

López Vigil, José Ignacio. 1994. *Rebel Radio: The Story of El Salvador's Radio Venceremos*. (Translator, Mark Fried). Willimantic, CT: Curbstone Press.

Miller, F. P., Vandome, A. F., McBrewster, J.(Ed). 2010. *El Mozote Massacre*. Alphascript Publishing.

Modrano, Juan Ramón and Raudales, Walter. 1994. *Ni militar ni sacerdote(de seudónimo)*. San Salvador: Arcoiris.

Montgomery, T. S.(이희건 역) 1987. 『엘살바도르 혁명운동사』, 이성과 현실사.

Olson, James. S., Roberts, Randy. 1998. *My Lai : A Brief History with Documents*. Boston: Bedford Books.

Popkin, Margaret. 2004. The Salvadoran Truth Commission and the Search for Justice. *Criminal Law Forum* 00: 1-20.

Robben, A. C. G. M(et al). 2000. *Death, Mourning, and Burial*. Blackwell Publishing.

Sanford, V. 2003. *Buried Secrets -Truth and Human Rights in Guatemala-*. New York: Palgrave Macmillan.

Shaw, Martin. 2003. *War and Genocide*. Polity Press.

Simons, Marlise. 1986. Protestant Challenge in El Salvador. collected in Gettleman et al.(eds). *El Salvador: Central American in the New World*. New York: Grove Press.

Smith, Peter H. 2000. *Talons of the Eagle: Latin America, the United States, and the World*. New York: Oxford University Press.

United Nations. 1993. *From Madness to Hop: the 12-year war in El Salvador -Report of the Commission on the Truth for El Salvador(English version)*.

Whitehead, Laurence. 1983. Explaining Washington's Central American Policies. *Journal of Latin American Studies* 15, p 321-363.

Wolf, Sonja. 2009. Subverting Democracy: Elite Rule and the Limits to Political Participation in Post-War El Salvador. *Journal of Latin American Studies* 41, p 429-465.

신문자료

〈New York Times〉

〈Washington Post〉

인터넷 웹사이트

The commission for Historical Clarification(CEH). 1999. *The Memory of Silence*. (http://shr.aaas.org/gutemala/ceh/report/english)(검색일 2011. 3. 31)

4

과테말라의 과거청산과 민주주의

과테말라의 문서보관소인 AHPN 사무실 벽에 그려진 초등학생들의 벽화
과테말라의 경찰 문서보관 기록소인 AHPN(Archivo Histórico de la Policía Nacional) 벽에는
잔혹했던 과거를 잊지 말자는 의미에서 초등학생들의 벽화가 그려져 있다.

1) 과테말라와 과거청산

근대국민국가 성립 이후 과테말라 역사의 암흑기를 가장 잘 대변하는 것은 수십 년간 이어져온 내전일 것이다. 과테말라 내전은 전체적으로 볼 때 1960년부터 1996년까지 진행되었으나, 내전 중 국민들에게 'La Violencia'로 각인된 극렬한 폭력 시기는 대략 1978년부터 1983년을 가리킨다.[1] 과테말라 역사진실규명위원회(Comisión para el Esclarecimiento Histórico, 이하 CEH)의 최종보고서에 의하면, 정부군의 폭력적 진압으로 440개 이상의 마을이 과테말라 군대에 의해 파괴되었고, 626개 이상의 공동체에서 200,000명 이상의 주민들이 학살되거나 실종되었다. 피학살자의 약 83%는 마야 원주민이었고, 민간인 학살과 인권유린의 주된 가해자는 약 94%가 과테말라 정부군이었다. 특히 과테말라 군대는 치말떼낭고, 바하 베라빠스, 알따 베라빠스, 우에우에떼낭고, 엘 끼체 주 등

---

1) 인류학자 샌포드는 'La Violencia' 기간을 사건을 보는 관점과 주체에 따라 좀 더 세부적으로 분류하고 있다. 그녀는 과테말라 도시에서의 라비올렌시아가 1978년 가르시아 군사정권부터 리오스 몬트 장군이 집권했던 1983년을 가리키지만, 농촌지역에서는 이 기간이 좀 더 세분화되고 확장되어 '1978-1985'(1978년 군사정권의 테러로부터 1985년 민주선거가 이루어지기까지), '1978-1990'(1978년부터 1990년 Ixil 산간지역에 폭격이 가해진 시점까지), '1978-1996'(1978년부터 1996년 평화협정이 체결되기까지의 모든 기간) 등의 기간으로 나눌 수 있다고 본다(Sanford 2003: 14-15).

지의 마야 원주민 공동체 거주 지역에서 작전을 수행하여 수많은 원주민 피해자를 양산하였다.

이러한 내전의 상처는 1996년 URNG(Unidad Revolucionatio Nacional Guatemalteca, 과테말라 민족혁명연합)와 과테말라 정부 사이에 맺어진 평화협정으로 인해 아무는 듯했다. URNG와 과테말라 정부는 평화협정을 체결하면서, 내전 기간 동안 발생하였던 죽음과 인권유린의 진상을 규명하고 이 행위를 주도한 인물들에 대해 적절한 조치를 취하겠다는 내용을 합의서에 담았다. 결국 CEH는 이 과정에서 만들어진 단체였다.[2] 이와 같은 합의가 평화협정을 이루기 위한 과정에서 이루어진 것은 협정의 양측 당사자 모두 표면적인 내전의 종식이 중요하기도 하지만, 내전 기간 중 발생한 갈등을 어떻게 봉합하여 발전적인 민주주의를 만들 수 있을까에 대한 고민이 핵심이었기 때문이다.

2012년 현재, 과테말라는 '성공적인' 평화협정의 체결로 인해 내전은 종식되었고 표면적으로 평화를 이루고 있다. 하지만 평화협정이 체결된 지 16년이 지난 지금까지 사회의 갈등을 봉합하기 위한 과정은 끝나지 않은 것처럼 보인다. 이러한 현상의 중요한 몇 가지 사례로서, 2012년 3월, 과테말라 법원은 1982년 12월 뻬뗀(El Petén) 주 라리베르땃(La Libertad) 지방의 도스 에레스(Dos Erres) 마을에서 민간인 201명을 학살한 혐의로 전직 군인인 뻬드로 삐멘뗄(Pedro Pimentel, 55세)에게 징역 6060년 형을 선고하였다.[3] 이것은 피고에게 사망자 한 사람당 30년의 형량과 인류을

---

2) 그러나 CEH 결성의 원인이 전적으로 과테말라 내전 당사자의 의지 때문이었다고 말할 수는 없을 것 같다. 왜냐하면 CEH는 '엘살바도르 진실위원회' 등과 더불어 유엔의 중재가 결정적 역할을 한 대표적 사례이기 때문이다.

3) 도스 에레스 학살 사건은 1982년 12월 뻬드로 피멘텔을 비롯한 과테말라 특수부대가 도스 에레스 마을에 들어가 게릴라를 숨겨준 혐의로 어린이 및 노인이 포함된 주민 201명을 학살하고, 그들의 시신을 우물 속에 던져 넣었던 사건이다. 뻬드로 피

어긴 범죄에 대한 가중처벌 30년이 합쳐진 것으로서, 내전 당시의 전쟁범죄에 대해 경각심을 환기한다는 의미에서 선고되었다. 이 판결은 2011년 8월 2일 동일한 도스 에레스 사건과 관련하여 과테말라 특수부대 요원 4명에게 각각 징역 6,060년 및 6,066년 형이 선고된 이후 연속적으로 이루어진 조치였다.[4]

이로써 과테말라 법원은 1994년 최초로 내전 당시 발생하였던 민간인 학살에 책임을 물어 가해 군인에게 유죄를 선고한 사례[5]로부터 출발하여, 2012년 3월, 플란 데 산체스(Plan de Sanchez) 사건[6]과 관련하여 전직 군인 5명에게 징역 7,710년을 선고한 사례, 그리고 앞서 소개한 도스 에레스 사건까지, 모두 3건의 내전 당시 민간인 학살에 대해 유죄 판결을 선고하였다. 이외에도 과테말라 법정은 현재까지도 군사독재의 상징으로 여겨지고 있는 리오스 몬트(Efraín Ríos Montt) 전(前) 대통령[7]과 1982-

---

멘텔은 2010년 체포되기 전까지 미국 캘리포니아에 거주하고 있었으나 신병이 과테말라로 인도되었고, 선고 이후에도 여전히 자신의 무죄를 주장하고 있다. 필자는 2012년 과테말라 현지조사 시 뻬드로 피멘텔에 대한 공판을 직접 법정에서 볼 수 있었으며, 이 재판에 대한 사회의 관심 또한 느낄 수 있었다.

4) 당시 형을 선고받은 이들의 이름은 Manuel Pop, Reyes Collin Gualip, Daniel Martinez Hernández, Carlos Carías 이며, 이 중 Carlos Carías에게는 6,066년 형이, 나머지 3명은 각각 6,060년 형이 선고되었다.

5) 1994년은 과테말라 내전이 종료되기 이전으로서, 당시 유죄를 선고받던 군인들은 이후 무죄로 석방되었다.

6) 플란 데 산체스는 과테말라 중부 바하 베라빠스(Baja Verapaz) 주 라비날(Rabinal) 인근에 위치한 아치(Achí) 마야 원주민 마을명이다. 이 마을에서는 1982년 7월 18일 무장군인들이 들이닥쳐 게릴라와 연관이 있다는 이유로 주민 256명을 학살하였다. 당시 학살된 주민들 중의 상당수는 어린이와 여성이었으며, 대부분의 여성들은 학살되기 전 군인들에게 강간을 당하였다.

7) 2012년 1월 26일, 과테말라 대법원의 Carol Patricia Flores Blanco 판사는 전직 대통령 리오스 몬트의 면책특권이 1월 14일 종료됨에 따라 1982년 익실(Ixil) 마야 원주민 마을 학살의 책임을 물어 리오스 몬트를 법정에 출석시켰다. 당시 청문회 도중, 리오스 몬트는 변호사를 통해 자신이 학살을 지시한 바 없고 군사작전 현장에서의

83년 당시 참모총장을 역임하면서 'Victoria 82' 작전을 총지휘했던 로페즈 푸엔떼스(Héctor Mario López Fuentes)를 기소하기 위해 노력하고 있다.

이러한 과테말라 법원의 의지는 라틴아메리카 대다수 국가의 과거청산이 실질적인 가해자 처벌로 이어지지 않으면서 형식적인 처벌 '권고' 수준에 머물렀음을 감안할 때 상당한 의미를 부여할 수 있다. 그렇다면 이 지점에서 현재까지 과거청산과 연관된 일련의 로드맵을 추동하고 있는 과테말라의 힘은 어디에서 기원한 것인가에 대해 질문을 던지지 않을 수 없다. 이것은 곧 과테말라의 사례가 과거청산이 필요한 타 국가와 비교하여 볼 때 어떤 특성을 가지고 있으며, 이것을 가능하게 하는 근본적 주체는 누구인가에 대한 질문으로 귀결될 수 있을 것이다. 표면적인 측면에서 보자면, 현재까지 지속되고 있는 과테말라의 과거청산이 국가 주도 하에 이루어지는 것이 아니라는 점은 분명하다. 비록 일부 사건 가해자에 대한 선고가 국가기관인 법원에 의해 판결되었다고 하지만, 분명 이것을 추동하는 힘은 국가가 아닌 다른 영역에 존재하고 있다.

라틴아메리카 과거청산에 있어서 선도적 사례로 평가받고 있는 아르헨티나의 경우 이러한 부분을 시민사회 영역이 주도하고 있다. 아르헨티나의 유해 발굴 기관인 EAAF(Eqipo Argentino de Antropología Forense)와 오월광장 어머니회(Asociación Madres de Plaza de Mayo)는 1980년대 초반부터 자칫 영구미제로 남을 수 있었던 실종자 및 민간인 학살 문제를 아르헨티나뿐만 아니라 전 세계에 이슈화함으로써, 1984년 실종자 진상조사 국가위원회(Comisión Nacional sobre la Desaparición de Personas)를 구성하고 현재까지 진행되고 있는 민간인 희생자 유해 발굴을 가능하게 하였다. 반면에

모든 상황을 통제하지 않았다며 무죄를 주장하였다. 하지만 판사는 리오스 몬트가 당시 군통수권자로서의 분명한 책임이 있다고 판단했고, 이에 재판이 끝날 때까지 가택연금에 처한다는 판결을 내렸다.

아르헨티나 정부는 민선 알폰신 정권에서 메넴 정부에 이르기까지 '기소종결법'과 '강요에 따른 복종법' 등을 제정하여, 과거청산보다는 군부와 가해자를 사면하기 위한 각종 정책들을 생산하였다. 결국 아르헨티나 역시 시민사회의 힘이 없었다면 현재까지 과거청산을 진행하거나 혹은 이를 통해 민주주의를 발전시키는 것이 불가능하였을 것이다.

위와 같은 사실을 토대로, 이 글에서는 현재까지 진행되고 있는 과테말라 과거청산의 전반적 동향을 살펴보면서, 이 경향을 주도하고 있는 과테말라 내 주요 주체들이 누구인가에 대해 집중적으로 분석해보고자 한다. 과테말라 또한 아르헨티나와 마찬가지로 국가 주도의 과거청산이 진행되고 있는 것은 아니므로, 주로 이 과정을 담당하고 있는 주요 시민운동 세력이 누구이며, 이들의 활동방식은 타 사례와 비교하여 어떤 특징을 가지고 있는가에 대해 알아볼 것이다. 그리고 그들이 평화협정 체결 16년이 지난 지금까지 과거청산을 고집하고 있는 이유는 무엇이며, 이러한 활동과 과테말라의 궁극적 민주주의 발전은 어떻게 연결될 수 있는지에 대해서도 분석해보고자 한다.[8]

2) 과테말라 내전의 배경

과테말라에서 본격적인 근대국민국가로의 역사는 1838년 중미연합주(Provincias Unidas del Centro de América)가 붕괴되면서부터 시작되었다. 19세기 중미에서 가장 패권적 국가로 인식되던 과테말라는 중미연합주의 붕

---

8) 이 글에서는 2012년 2월 약 한 달여간 실시된 과테말라 현지조사를 통하여 각종 자료를 보강할 수 있었는데, 이 기간 중 과거청산과 연관을 맺고 있는 과테말라 내 시민사회 단체 7개소를 방문하여 주요 활동가들과 인터뷰한 후 필요한 자료를 수집할 수 있었다.

괴 이후 약 80여 년간 자유주의와 보수주의자들 간의 계속된 투쟁을 거치면서 본격적인 근대국가의 틀을 다지기 시작하였다. 이 시기 과테말라를 통치하였던 주요 지도자였던 까레라(Rafael Carrera, 1838-1865년 집권)와 바리오스(Justo Rufino Barrios, 1873-1885년 집권), 까브레라(Manuel Estrada Cabrera, 1896-1920년 집권), 우비꼬(Jorge Ubico, 1931-1944년 집권) 등은 각기 자유주의와 보수주의라는 명분 속에 양분되어 있었으나, 정치적으로 독재체제를 공고화하는 한편 대외종속적 경제체제를 과테말라에 뿌리내리는 데는 동일한 역할을 하였다. 유나이티드 푸르트 컴퍼니(United Fruit Company)와 우비꼬 정권이 단행했던 일련의 친미정책은 1944년까지 과테말라 정치의 일반적 모습을 보여주는 좋은 사례였다.

그러나 1944년 우비꼬가 장기집권 및 부정부패와 연관되어 대통령직에서 물러나면서 과테말라의 변화는 시작되었다. 이 변화는 국가의 변혁을 염원하는 대학생들과 개혁적 청년 군인들로 구성된 '중산계급'이 주도하였으며, 1944년 과테말라 역사상 최초의 자유 공정선거를 가능하게 하여 개혁자인 아레발로(Juan José Arévalo)가 대통령에 즉위하게 된다. 스스로를 '정신적 사회주의자'(spiritual socialist)로 자칭하며 아르헨티나에서 정치적 망명 생활을 하기도 했던 전직 철학 교수 아레발로는 집권 후 토지개혁과 노동자 인권보호 정책 등을 실시하였는데, 이것은 과테말라에서 근대국민국가가 수립된 이후 최초로 볼 수 있었던 개혁적 시도들이었다. 결국 1945년부터 1950년까지 과테말라에서 도시노동자의 임금은 80%가량 인상되고 문맹률이 75% 수준까지 떨어지는 등 국민들의 질적 삶을 향상시키는 정치실험들이 진행되었다(Foster 2007: 208-209). 이후 1949년에는 아레발로 정권에서 국방장관을 역임하였던 아르벤스(Jacobo Arbenz)가 65%의 지지를 받아 대통령에 당선되었는데, 그는 집권 이후 아레발로보다 좀 더 개혁적이면서도 친공산주의적인 정책을 펼쳤다. 결국 과테말라는 1945년부터 1954년 아르벤스 집권까지 라틴아메리카 민주주의 역사상 '가장 빛나는 별'(Grandin 2004: 4)이 될 수 있었다.

하지만 이러한 영광은 오래가지 않았다. 우선 아레발로 정권부터 과테말라의 뿌리 깊은 과두제(oligarchy) 집단 및 유나이티드 푸르트와 같은 다국적 기업들은 일련의 개혁정책들에 대해 노골적인 거부감을 표시하였다. 특히 아르벤스 정권 이후에도 지속된 토지개혁 조치들은 직접적인 거부의 대상이었는데, 왜냐하면 이러한 조치들을 통해 유나이티드 푸르트와 과두제 집단들은 엄청난 규모의 손실이 예상되었기 때문이다.[9] 이러한 다국적 기업의 어려움은 냉전(cold war)이라는 요소와 결합되어 미국의 개입을 불러일으켰다. 미국 정부는 유나이티드 푸르트가 과테말라에서의 상황을 불평할 때부터 과테말라의 친공산주의적 분위기에 대해 우려를 표했으며, 이러한 우려는 곧바로 행동으로 이어져 1954년 과테말라에 대한 즉각적인 군사개입이 단행되었다. 결국 아르벤스 정권은 미국에 의해 축출되었고, 10년 동안 지속된 과테말라의 정치실험도 종지부를 찍게 되었다.

아르벤스 정권이 축출된 이후 과테말라 사회는 군사정권과 이에 반대하는 좌파 세력 간의 대결로 점철되었다. 냉전이라는 특수한 환경을 중심으로 미국의 전폭적인 지원을 받고 있던 군사정권은 좌파 및 진보 세력에 대한 탄압을 강화하였고, 이에 알레한드로 욘 소사가 1960년 봉

---

9) 예를 들어 아르벤스 정부에 의한 1952년 농지개혁 조치는 223에이커 이상 규모의 불용 토지를 농민에게 나누어주는 것으로서, 식량난이 심각하였던 서부지역부터 시작하려 하였다. 또한 토지에 대한 보상은 토지소유주에게 공식적으로 인정된 부동산 감정가격을 지불하는 것이었다. 하지만 보상 토지의 대지주였던 유나이티드 푸르트는 이전부터 세금을 인하받기 위해 토지 공시가격을 최대한 낮추어놓은 상태였고, 결과적으로 농지개혁이 진행되면 엄청난 규모의 적자를 면할 수 없게 되어 있었다.

기를 일으키기도 하였으나 실패하였다. 이때 봉기세력 중 일부가 산으로 피신한 후 본격적인 게릴라전을 준비하게 되는데, 이것이 1962년 창설된 FAR(Fuerzas Armadas Rebeldes)의 전신이다. 이후로도 과테말라에서는 1966년 몬떼네그로 정권의 광폭적인 탄압에 맞서 몇 개의 무장 게릴라 조직이 추가로 조직되는데, 1971년 창설된 ORPA(Organización del Pueblo en Armas)와 1972년 창설된 EGP(Ejército Guerrillero de los Pobres)가 그것들이다.[10] 이들은 주로 소련과 쿠바로부터 무기 지원 등을 받으며 미국의 지원을 받는 군부와 대립하였다.

이에 과테말라 군부는 무장 게릴라 세력을 섬멸한다는 목표 하에 수많은 군사작전을 수행하였는데, 〈Plan Campaña Victoria 82〉, 〈Operación Sofía 82〉, 〈Plan Firmeza 83〉과 같은 작전명은 위와 같은 취지에서 진행된 것들이었다. 이 군사작전들의 대부분은 루카스 가르시아(Romero Lucas García) 퇴임 이후 리오스 몬트가 권력을 잡고 있던 1982년부터 1983년 사이에 실행되었으며, 무장 게릴라와 그 동조자를 섬멸한다는 미명하에 대다수 마야 원주민들에 대한 직접적인 공격으로 이어졌다. 엠네스티는 1982년 3월부터 7월 사이에 약 10,000명이 넘는 과테말라 원주민 및 농민이 정부군에 의해 살해되었고, 리오스 몬트 정권 당시 매달 약 3,000명 이상의 실종자와 사망자가 발생했음을 보고하고 있다.

과테말라 내전의 최고점은 1978년부터였다. 1978년 대통령에 즉위한 군부 출신의 가르시아(Lucas García)는 과테말라 역사상 최고의 독재 정치를 펼쳤으며, 동시에 야당정치인 및 학생운동 지도자, 노조간부 등이 비밀 암살조직(death squard)에 의해 암살되는 사건이 비일비재하게 발

---

10) 위의 3개 게릴라 조직은 1982년 'Partido Guatemalteco del Trabajo(PGT)'와 연합하여 URNG를 결성하게 된다.

생하였다.[11] 이에 과테말라 국내 정치는 더욱 혼란에 빠져들었고, 1982년에는 가르시아 정권을 전복하기 위한 새로운 군사쿠데타가 발생하는데, 이때 집권한 이가 리오스·몬트였다.

리오스 몬트는 전임 군부정권과는 좀 더 색다른 정책을 펼치기 시작했다. 이것은 1982년 당시 과테말라가 처한 몇 가지 위기상황과 연관되어 있었다. 당시 과테말라는 정치적으로 서부 고원지대를 중심으로 무장 게릴라들이 활발히 활동하고 있어서 외곽지역의 치안과 정치상황이 상당히 혼란하였다. 또한 경제적인 측면에서, 1981년부터 1982년까지 급속도로 하락한 과테말라의 경제는 국가운영을 하는 데 있어서 상당한 걸림돌로 작용하였다(Booth etc 2010: 142). 이렇듯 불안정과 위기 속에 뒤덮인 정국을 타파하기 위해 리오스 몬트는 전임 군부정권들이 사용하였던 억압정책보다 훨씬 더 강도 높은 억압정치를 실시하였다. 그는 1965년 제정된 헌법을 폐기하고 의회를 해산하였으며 선거법을 개정함과 동시에 정당들에 대한 강도 높은 탄압을 이어갔다. 특히 산간지대에 마야 원주민과 밀착되어 있던 무장 게릴라 집단을 토벌하기 위해 각종 군사작전을 시행하여 많은 피해자들을 양산하였다.

과테말라 민중들은 이와 같이 자신들의 역사에 있어서 가장 극심한 폭력과 내전이 결합되어 있던 이 시기(1978년부터 1982년까지)를 '라 비올렌시아'(La Violencia)로 기억하고 있다. 인류학자 샌포드는(Victoria Sanford) 과테말라 정부군의 폭력이 가장 극심하게 발생하였던 1978년부터 1982년까지, 치말떼낭고(Chimaltenango), 바하 베라빠스(Baja Verapaz), 알따 베라빠스(Alta Verapaz), 엘끼체(El Quiché) 주 등지의 산간지대 원주민들이 자신들이 경험했던 폭력의 시기를 라 비올렌시아로 명명하고 있다고 말한다.

---

11) 과테말라의 정치적 살인(political murder) 비율은 1971년에 1개월에 30건이던 것이 1979년에 75건, 1982년에 303건으로 대폭 증가하였다(Booth etc 2010: 142).

라 비올렌시아를 정의하는 시기는 그 대상과 주체의 범주에 따라 각기 다르게 평가되는데, 먼저 과테말라의 도시 지역에 거주하고 있던 이들은 라 비올렌시아 기간을 가르시아와 리오스 몬트 정권이 폭압적 탄압을 하던 1978년부터 1982년까지로 규정하고 있다. 이 시기는 명실상부하게 과테말라 정부군의 민중에 대한 탄압이 가장 극심하게 작용하던 시기였다. 또 다른 이들은 리오스 몬트 정권 이후 집권한 빅토레스 정권(Oscar Humberto Mejia Victores)에서도 상당수의 인권침해 요소들이 발생하였으므로 라 비올레시아 시기를 빅토레스 정권이 집권하던 1985년까지로 봐야 한다고 주장한다. 이외에도 선별적이고 간헐적이었지만 과테말라 산간지대에 공습이 지속되었던 1990년까지를 라 비올렌시아로 보는 입장과, 평화협정이 완전히 체결되는 1996년까지를 라 비올렌시아로 봐야 한다는 의견이 공존하고 있다(Sanford 2003: 14-17).

과테말라는 1996년 정부와 민족혁명연합(URNG) 사이의 평화협정이 체결됨에 따라 내전이 공식적으로 종식되었고, 이후 향후 국가발전을 위한 체제 개선안과 내전 기간 중 발생했던 국가폭력을 조사하기 위한 활동이 시작되었다. 이 중에서도 가장 중요한 행보는 한시적 특별위원회(진실위원회, truth commission)를 구성하여 내전 기간 중 발생한 인권침해 등에 대해 과거청산을 실시한 것이었다. 1996년 12월 과테말라는 '역사진실규명위원회'(Comision para de Esclarecimiento Historico: 이하 CEH)로 명명된 진실위원회를 구성하여 34년 내전 기간 동안 정부군과 반군 사이에서 발생한 인권침해 및 학살 사건들을 조사하도록 하였다. 이 위원회는 18개월 동안 운영되었으며, 1999년 2월 '침묵의 기억'(Guatemala: Memoria del Silencio)이라는 최종보고서를 제출하였다.

현재까지 최종보고서 등을 통해 볼 때 과테말라의 라 비올렌시아 기간 동안 440개 마을이 과테말라 군에 의해 불태워 없어져 500,000명의 집이 소실되었다. 그리고 150,000명의 난민이 발생하였고, 100,000명에서 150,000명 사이의 인구가 죽거나 실종되었다. 또한 CEH는 626개 마을에서 약 200,000명에 이르는 인구가 학살되었는데 이 중 약 83%는 마야족이었고, 학살의 책임소재에 있어서 과테말라 정부군에게 93%의 책임이 있다고 기술하였다. 특히 CEH보고서에서도 강조하고 있지만, 과테말라 내전의 최대 피해자는 마야 원주민이었다. 최종보고서가 제출 이후 화해를 위한 몇 가지 프로그램들이 실시되었지만 아직까지 원주민을 보호하기 위한 법적, 제도적 조치들은 본격적으로 운용되지 않고 있다.

3) 인권침해의 범주와 실상

1978년 이후, 특히 리오스 몬트 정권하에서 자행된 인권유린 행위는 과테말라 내전 당시 발생한 전체 폭력 행위 가운데 가장 높은 비율을 차지하고 있다. 당시 과테말라 군대에 의해 자행된 살인 및 인권유린 행위는 그 범주가 다양하지만, 대표적인 몇 가지 범주를 나눈다면 다음과 같이 구분할 수 있다.[12] 현재까지 과테말라에서 과거청산 문제가 진행되고 있는 것은 아래와 같은 인권유린 행위들이 평화협정 체결 이후에도 완전히 해결되지 않았기 때문이다.

(1) 대규모 학살(massacre)과 제노사이드(genocide)

앞선 장에서 밝힌 바와 같이, CEH는 최종보고서에서 내전기간 동안 총 626개의 민간인 학살이 과테말라 군대 및 특수부대, 민병대 등

---

12) 이 지면에서 소개하고 있는 인권침해의 범주는 CEH 최종보고서의 내용에 근거해 구분하고 있다는 것을 밝혀둔다.

에 의해 자행되었음을 기록하였다. 학살은 대개 개인에 대한 공격이 아니라 공동체를 대상으로 하고 있으며, 인명 살해 이외에도 사망자의 시신을 매장하거나 이에 대해 의례를 행하지 못하게 함으로써, 물질적 혹은 정신적 부분에서 공동체를 파멸하는 것을 목표로 하였다(Rothenberg 2012: 48). 또한 작전에 참여한 군대는 해당 공동체 구성원의 개별적 특성을 고려하여 행동을 취한 것이 아니라, 구성원 전체를 게릴라와 내통하였거나 가능성이 있는 '잠재적 적'으로 규정한 후 이들을 모두 섬멸하는 것을 목표로 하였다. 그러므로 민간인 학살의 피해자들에는 성인 남녀를 비롯하여 노인, 여성, 어린이 등 해당 지역의 모든 연령대가 포함되어 있다.

과테말라 내전에서 초기 15년간(1960~1975년)의 대규모 학살은 주로 무장 게릴라가 주로 활동하였던 동부지방에서 농민이나 라디노(ladino)들을 대상으로 발생하였다. 하지만 1978년경부터 반란을 진압하기 위한 군사작전들은 고원지대에 위치한 마야 원주민 공동체에 집중되었고, 이후 이 지역에서 내전 중 발생한 전체 민간인 학살의 95%가 자행되었다. 상황이 이러하다 보니 과테말라의 민간인 학살은 여타 사례와 비교하여 볼 때 더욱 제노사이드[13]적인 특성을 가지게 되었다. CEH는 최종 보고서에서 과테말라 군대에 의한 제노사이드가 주로 4개 지역에서 발

---

13) 제노사이드에 대한 정의는 1944년 라파엘 램킨(Raphael Lemkin)이라는 유대인 학자 의해 최초로 정의되었고, 이후 이 정의를 바탕으로 1948년 유엔에서 '제노사이드 방지와 처벌에 대한 협정'(Convention on the Prevention and Punishment of crime of Genocide)이 체결되었다. 여기에서 확인된 제노사이드의 정의는 민족이나 국가(national), 종족(ethnical), 인종(racial), 종교(religious)집단의 일부 혹은 전체를 파괴하려는 일련의 모든 의도들을 일컫는 말이다. 이 의도들을 구체적으로 살펴보면, 집단 구성원의 살해, 집단 구성원에게 정신적 혹은 육체적으로 심각한 위해를 가하는 행위, 집단 내 출산을 고의적으로 막기 위한 행동들, 집단의 어린이들을 다른 집단으로 보내는 행위 등이 포함될 수 있다.

생하였으며, 주요 공격 대상은 엘 끼체(El Quiché) 주에 거주하는 익실(Ixil) 마야 원주민과 바하 베라빠스의 아치(Achí) 원주민, 끼체 주 사꾸알빠(Zacualpa)의 끼체(K'iché) 원주민, 그리고 우에우에떼낭고(Huehuetenango)에 거주하는 추흐(Chuj)와 깐호발(Q'anjob'al) 원주민들이었다.

이렇듯 다양한 지역의 마야 원주민들이 군사작전의 대상이 된 이유는 역사적으로 상당히 깊은 근원을 가지고 있으나, 당시 작전을 주도한 군부의 인식을 통해서도 찾아볼 수 있다. 당시 군부는 마야 원주민을 라디노와 분리된 독특한 역사와 종족적 특성을 지닌 집단으로 보면서, 이들이 국가정치에 협력하는 것을 거부한 채 게릴라에 상당히 협조적이라는 인식을 가지고 있었다. 이러한 인식은 초토화 작전이 구사하고 있는 '물을 뺀 후 물고기를 잡는다'(taking the fish's water away)라는 대원칙과 연관되어, 산간 지역에 거주하면서 게릴라에게 동조할 수 있는 마야 원주민을 몰살해야 한다는 결과를 몰고 왔다.

하지만 이와 같은 논리만으로 마야 원주민 학살을 설명할 수 없는 경우도 발생하는데, 그중 대표적 사례가 플란 데 산체스에서 일어난 아치족 집단 학살이다. 1982년 당시 플란 데 산체스가 위치한 바하 베라빠스 주의 라비날은 교전지역이 아니었다. 이 지역에는 게릴라가 간혹 출몰하기는 했지만 전선이 형성된 것은 아니었고, 심각할 정도의 사회 혼란이 발생한 것도 아니었다. 하지만 1981년부터 1983년까지 라비날에서 군대에 의해 희생된 민간인은 4,411명이었고, 이 중 거의 100%가 아치족 구성원이었다(Rothenberg 2012: 70). 플란 데 산체스 역시 원주민 학살이 발생한 1982년 7월 18일을 전후하여 마을 주민과 무장게릴라의 접촉이 보고된 바 없었으며, 이러한 실정임에도 불구하고 결과적으로 원주민 256명이 학살되는 참상이 발생하였다.[14] 이렇듯 과테말라 군부에 의해 자행된 원주민 학살은 뚜렷한 명분 없이 진행되었고, CEH의 최종보고서가 발간된 지 13년이 지난 지금까지 도스 에레스와 플란 데 산체스 사건 이외에 과거청산을 위한 후속조치가 진행된 경우는 없다. 이에 많은 단체들이 아직까지 민간인 대량학살과 제노사이드에 대한 진실규명과 책임자 처벌을 요구하고 있는 상황이다.

(2) 고문

CEH는 과테말라 내전 기간 중 11,598건의 고문이 발생했다고 기록하고 있지만, 실제 고문에 의한 피해는 이보다 더 많을 것으로 보고 있다. 내전 기간 동안 발생한 고문은 '비밀구치소'[15]라 불리는 비합법적인 공간에서 체계적이고 광범위하게 진행되었으나, 일부 지역에서는 군부대를 비롯하여 군대가 접수한 교회, 빈 건물, 폐광산 등 다양한 곳이 활용되기도 하였다. 이곳으로 끌려온 이들은 학생, 노동조합원, 사회운동가, 정치인 등 군사독재 정권에 반대하는 이가 많았으나, 의외로 정치활동과는 전혀 무관한 이들도 상당수 포함되어 있었다.

군사정권이 자행한 고문은 피해자들의 인권을 정신적 혹은 육체적으

---

14) 이와 관련하여 플란 데 산체스에 거주하며 민간인 학살을 직접 목격했던 벤하민 (Benjamín Manuel Jerónimo,현 유족회장)는 당시 학살이 게릴라와 연관되어 있기보다는 원주민들이 차지하고 있던 토지를 강탈하기 위해 지역 내부에 있던 몇몇 사람들이 일으킨 일종의 계획적 범죄였다고 증언하고 있다. 하지만 이에 대한 구체적 정황을 라비날 전체 혹은 과테말라 전역으로 확대하는 것은 아직 무리가 있으며, 좀 더 세부적인 조사가 필요한 사항이라고 본다. 이 증언은 2012년 2월 17일, 플란 데 산체스 마을의 현지조사 중 현재 유족회장을 맡고 있는 벤하민과의 인터뷰를 통해 확인한 것이다.

15) 가장 널리 알려진 비밀구치소는 'La Isla'로 불리던 곳으로서, PMA(Policia Militar Ambulante) 본부 바로 옆에 위치하면서 1992년까지 운영되었다.

로 유린하는 과정이었으며, 고문 이후 54%의 인원만이 다시 살아 돌아갈 수 있었다. 생생한 고문의 실상은 바로 이 생존자들의 증언을 통해 확인할 수 있었다. 나머지 인원들은 대부분 고문 후 살해된 것으로 추정되는데, 대개 이들의 시신을 은닉한 방법은 공동묘지에 암매장하거나 고문 구치소 내 정원에 시신을 묻은 후 그 주변에 나무 등을 심어 위장하기도 하였다. 현재까지도 생존 고문 피해자들은 심각한 정신적 육체적 질환을 앓고 있으며, 이에 다양한 운동세력은 과거 고문정치의 주범을 처벌하고 피해자들에 대한 적절한 배상을 요구하고 있다. 또한 비밀 구치소로 끌려갔으나 아직까지 돌아오지 않고 있는 사람들의 가족들은 이들의 시신이 방치된 곳과 죽음의 경위를 알기 위해 투쟁하고 있다.

(3) 실종자 문제

과테말라 내전 기간 중 발생한 인권유린 중 현재 중요한 문제로 인식되고 있는 것 중의 하나는 실종자 문제이다. 사실 실종자 문제는 과테말라 이외에 과거청산을 경험한 라틴아메리카 모든 나라에서도 현재까지 진행형인 곳이 많다. 이것은 앞서 설명한 고문과도 연관되어 있으며, 수십 년이 지난 현재까지 과거청산을 끌고 오는 원동력이기도 하다. CEH는 내전 기간 중 총 6,159건의 실종 사례를 조사하였으며, 이 중 대부분의 사례가 1979년부터 1983년 사이에 발생하였다고 보고하였다.

실종자가 양산된 원인은 무엇보다 군부가 독재정권에 항거하는 조직을 제거하기 위해 반대세력의 정치적 리더들을 납치하면서 시작되었다. 납치를 주도한 세력은 군대와 PAC(Patrullas de Autodefensa Civil), 경찰(policia nacional) 등이었으며, 이 중 군대가 가장 많은 납치를 실행하였다(80%). 또한 납치된 이들은 주로 군부를 반대하는 정치조직(PGT, FAR, MR-13 등)과 노동조합, 학생회, 가톨릭 교회의 사제 및 간부들이었고, 집과 길거리, 직장 등 특정되지 않는 위치에서 실종되었다.

최근 과테말라의 사회운동 단체에 의해 공개된 'Diario Militar'의 실종자 개인신상 정보카드를 보면 실종자들의 대부분이 얼마나 오랜 기간 동안 군대 및 정보기관으로부터 개인 사찰을 당하며 감시받아왔는가를 알 수 있다. 아르헨티나 오월광장 어머니회와 마찬가지로, 과테말라에서도 실종자 문제는 가족 및 해당조직들의 즉각적인 반발을 불러일으켰다. 일부 가족들은 실종자의 시신을 공동묘지 내 무연고자 묘지나 암매장지에서 발견하였지만, 대부분의 사례는 현재까지 생사여부 및 시신이 매장된 위치조차 모르고 있다.

(4) 강간과 성폭행

현재 과테말라에서 과거청산과 관련하여 새롭게 조명받고 있는 문제는 여성에 대한 강간과 성폭행이다. 이 문제는 대부분 집단 학살 및 제노사이드 등의 문제와 연관되어 발생하지만, 피해 여성들의 대부분이 증언을 꺼리거나 사회적으로 공개되는 것을 거부하기 때문에 전면적인 사회문제로 부각되지 않았다. 예를 들어 플란 데 산체스 집단 학살의 경우에도 거의 모든 여성들이 학살되기 이전에 군인들에 의해 강간을 당하였다. 피해 여성들 중 일부는 강간 이후 다행히 생존하기도 하였지만, 이들은 자신의 경험을 타인에게 밝히지 못하고 평생을 죄의식 속에 살아가야 하는 경우가 대부분이었다.

CEH는 강간 피해 여성의 실태를 조사하는 데 상당한 어려움을 겪었음에도 불구하고 모두 1,465건의 사례를 보고하였다. 이 중 피해 여성들의 분포를 종족(ethnicity)으로 환산해보면, 89%의 여성이 마야 원주민이었고 10%가 라디나였다. 또한 피해 여성의 2/3가 18세부터 60세까지의 성인여성이었으나 1/3의 범위에서 17세 이하 소녀 및 어린이들도 포함되어 있었다.

과테말라에서 내전 기간 중 발생한 강간 문제의 심각성은 피해 여성의 범주나 숫자에 있는 것이 아니라, 이 행위가 군부에 의해 체계적이고 조직적인 '작전'의 개념으로 진행되었다는 데 있다. CEH는 군대에 의한 성폭력이 상부로부터의 작전 지휘 계통을 따라 하달되면서, 성폭력을 가한 군인들에게 사법적으로 암묵적인 '사면' 조치가 이루어졌다고 말하고 있다. 이것은 어떤 범죄행위보다 인륜적 가치에 반하는 행위이므로 많은 단체들이 이 문제의 진상규명과 책임자 처벌을 요구하고 있는 상황이다. 또한 이 문제는 생존 피해 여성들의 재활 및 정신적 치료 문제와 결부되어 점차 전문적 집단에 의한 연구 영역으로 발전해가고 있다.

4) 과거청산과 민주주의를 위한 시민사회의 활동

(1) 과거청산과 이행의 문제점

과테말라에서도 내전 종식을 위한 URNG와 정부 간의 협의가 1991년 4월부터 시작되었는데, 여기서 합의된 주요 의제들은 과테말라 국민과 원주민의 인권 증진 문제, 민병대의 해산, 경제사회 문제, 진실위원회(CEH)의 설립을 비롯해 당장 시급히 진행되어야 할 교전중지, 무장해제 등의 내용을 담고 있었다. 이 협의에 근거해 CEH가 구성되어 1997년부터 본격적인 활동을 시작했으며, 1999년 최종보고서를 발간하여 내전 기간 중 발생한 민간인 피학살 희생자의 추모와 기념 및 배보상 문제, 실종자 문제의 해결, 가해자 처벌, 다문화 존중과 인권 증진 등을 위한 권고사항을 발표하였다. 권고사항들은 단순히 과거의 잔혹행위를 '처벌'하는 데 목표를 둔 것이 아니라, 과테말라의 궁극적인 민주주의를 발전시켜 다시는 내전과 같은 상황이 발생하지 않는 데 중점을 두었다.

하지만 진실위원회는 기구가 가진 효율성에 비해 결정적 약점을 가지고 있다. 가장 중요한 것은 진실위원회 결정 사항이 해당 사회에서 얼마나 강제력을 가지면서 이행되는가의 문제이다. 진실위원회는 대개 특별법과 같은 강력한 강제력을 행사하지 못하며, 한시적으로 운영되는 한계를 가지고 있다. 그러므로 진실위원회의 권고사항이 발표되었다고 하지만 이것의 이행을 결정하는 것은 해당 정부의 의지가 중요할 수밖에 없다. 진실위원회의 운영에 있어서 권고사항의 불이행 사례는 아르헨티나와 엘살바도르, 한국 등 전 세계 도처에서 발견할 수 있다. 결국 진실위원회 의 성공 여부는 기구 자체의 운영에 있는 것이 아니라, 진실위원회가 남겨놓은 권고사항들을 정부 및 국가차원에서 얼마나 성실하게 이행하는가에 달려 있다.

과테말라는 평화협정 체결 당시 게릴라 부대 해체 및 군 병력의 1/3 감소 조건은 지켜졌으나, 이외 진실위원회 권고사항을 비롯한 평화협정 세부 조항들은 제대로 이행되지 않았다. 또한 1999년 5월 국가의 다언어, 다문화, 다인종적 특성 수용, 인디오의 권리 인정, 사법부 개혁, 군부의 통제 등을 골자로 하는 47개의 개헌안이 부결됨에 따라 평화협정과 과거청산의 이행은 더욱 어렵게 되었다. 1999년 이후에도 경찰의 잔혹행위는 그치지 않았지만, 흉악범죄에 대처하고 사회 안정을 위해 노력하는 모습은 찾아볼 수 없었다. 또한 무엇보다 과거청산이 지연된 중요한 이유는 과거 잔혹행위의 주범들이 평화협정 체결 이후에도 전혀 처벌되지 않았다는 점이다. CEH의 다양한 권고에도 불구하고 과테말라 의회는 1996년 12월부터 내전 기간 주요 범죄자들을 위한 '특별사면법'(Ley de Reconciliación Nacional, LRN)을 제정하여 민간인 학살 및 실종자 문제와 연관이 있는 주요 인물을 보호하는 데 앞장섰다. 이러한 상황은 정권의 교체와 무관하게 계속 유지되었으며 개선의 여지가 보이지 않았다. 이렇듯 과테말라의 과거청산과 개혁이 지지부진한 모습을 보이자, 2004년 12월 평화협정 이행 지원을 위해 과테말라에 머무르던 유엔 옵저버단은 가혹 행위자의 면책 상태 지속과 토착 원주민에 대한 차별, 사회복지 분야의 정부 지출 미흡 등을 이유로 철수하기도 하였다.

부진한 과거청산의 여파는 과테말라 사회에 그대로 전달되어 사회치안의 불안과 정부에 대한 불신이 높아져만 갔다. 2008년 대통령에 당선된 중도좌파 성향의 꼴롬(Alvaro Colóm)은 이러한 사회를 개혁하고자 노력하였으나, 이미 만성화된 불신의 벽을 뚫고 개혁을 추구하기에는 상당히 어려운 실정이었다. 꼴롬은 사회치안 확립과 사회통합, 원주민 권익 신장, 사회복지 증대를 위해 노력했으나 가시적인 성과를 거두지 못했다. 이런 상황에서 2011년 11월 실시된 대통령 선거에서는 과거 민간인 학살의 주역으로 거론되는 전직 장성출신의 오토 뻬레스(Otto Perez)가 대통령에 당선되어 과거청산의 길은 더욱 멀어 보인다.

이와 같은 현실 속에서도 많은 과테말라 국민들은 과거청산이 생략된 민주주의 발전은 상상할 수 없다고 생각한다. 2009년 실시된 조사에 의하면, 과테말라 국민의 72.8%는 과거 잔혹 행위의 가해자들이 반드시 처벌받아야 한다고 믿고 있다. 이 조사에서 엘 끼체의 한 원주민은 평화협정의 정신들이 존중받지 못한다면 평화는 있을 수 없고, 과거청산이 원활히 진행되었을 경우에만 더 나은 삶을 보장받을 수 있다고 말하였다(Pérez-sales 2009b, 30).

(2) 시민사회의 과거청산 활동

과테말라에서 과거청산이 중요한 이유는 현재의 부패한 권력과 치안 불안, 성숙한 참여민주주의의 미발달이 이와 연관되어 있다고 보기 때문이다. 과테말라 국민들은 내전 당시 잔혹행위를 담당했으나 면죄부를 받았던 경찰이 현재의 불안한 치안을 개선할 수 없다고 본다. 또한 산간지대에서 마야원주민을 무자비하게 학살했던 군대가 자신들의 안위를 지켜줄 수 없다고 생각한다.

그러므로 과거청산과 관련한 과테말라 국민의 염원과 관심은 상당히 클 수밖에 없다. 하지만 객관적인 상황으로 볼 때 과테말라에서 국가 주도의 과거청산이 효과적으로 이행될 수 있을지는 미지수이다. 이러한 상황에서 과거청산과 민주주의 발전을 위해 활약하고 있는 세력은 다름 아닌 시민사회이다. 현재 과테말라에서는 국가가 방기하고 있는 과거청산 활동을 시민사회가 주도하고 있다. 과거청산에 매진하고 있는 시민사회 단체들은 내전 시기부터 활동해온 단체부터 평화협정 이후에 구성된 것까지 다양하게 존재하고 있다. 이들은 주로 내전 시기 잔혹행위의 책임자들을 법정에 세워 처벌하는 것에서부터 보편적 인권의 증진에 이르기까지 다양한 영역에서 활동하고 있다. 이 절에서는 과거청산과 관련한 시민사회의 활동을 몇 가지 범주로 구분한 후 그 특징과 연관성을 알아보고자 한다.

① 진실규명과 유해 발굴

진실규명은 과거청산 과정에서 가장 기초이자 중심이 되는 활동이다. 이것은 과거 소문으로만 떠돌고 있던 사건의 실체를 구체적 증거로서 입증하는 과정이다. 과거청산과 연관된 모든 시민사회 단체들이 기본적으로 진실규명 활동을 하고 있지만, 특히 이 부분에서 중요한 역할을 담당하고 있는 단체는 FAFG(Fundación de Antropología Forense de Guatemala)이다. CEH가 1999년 최종보고서에 상당수의 민간인 학살 및 실종사건들을 진실규명 하였지만, 아직까지 해결하지 못하고 있는 부분은 피해자들의 유해를 찾는 일이다. 피학살자 혹은 실종자의 유족들은 가장 기초적인 진실을 규명하기 위하여 피해 가족의 유해를 찾고 있다.

FAFG는 시민운동 단체이기보다는 유해 발굴을 전문적으로 수행하는 법의인류학 기관의 성격이 강하다. FAFG를 시민사회 단체로 분류하는 것은 사업을 진행함에 있어서 정부로부터 어떠한 지원도 받지 않기 때문이다. FAFG는 대부분의 사업비를 EU 회원 국가 및 미국으로부터 지원받고 있다. 이 기관의 역사는 아르헨티나의 유해 발굴 기관인 EAAF(Eqipo Argentino de Antropología Forense)와 밀접한 연관을 가지고 있다. 1984년 아르헨티나에 민선 알폰신 정권이 수립된 이후, 군부독재의 만행과 실종자의 행방을 추적하기 위해 본격적인 과거청산이 실시되었다. 당시 오월광장 어머니회는 실종된 자식을 찾기 위해 상당한 노력을 기울이고 있었는데, 특히 1982년부터 시작된 유해 발굴은 그 노력 중의 하나였다. 하지만 당시 전문적인 법의인류학 기관이 부재했던 아르헨티나에서는 신원 확인과 범죄 사실을 입증할 수 있는 차원의 유해 발굴이 실시된 것이 아니라 상당히 초보적인 '유해 수습'만이 진행되었다. 이에 오월광장 어머니회는 AAAS(American Association for the Advancement of Science)의 도움을 받아, 미국으로부터 전문적인 유해 발굴을 실시하는 체질인류학자와 고고학자, 인류학자 등을 소개받을 수 있었다. 이들은 아르헨티나에 도착한 후 실종자 유해 발굴을 진행하는 한편 아르헨티나의 자생력을 유지할 수 있도록 전문가 교육을 병행하였는데, 이 과정에서 결성된 기관이 EAAF이다. 이후 EAAF는 아르헨티나 실종자 문제 및 과거청산 과정에서 가해자를 기소하거나 결정적 증거를 제출하는 등 중요한 역할을 담당하였으며, 1990년대부터는 자신들과 비슷하게 과거청산을 실시하는 이웃 국가에 대한 발굴 지원을 시작하였는데, 그 첫 번째 대상 국가가 과테말라였다. 1991년, 과테말라에 유해 발굴을 지원하기 위해 EAAF의 창시자인 스노우(Clyde Snow) 박사가 도착하였고, 이후 그의 지도에 따라 과테말라에서도 유해 발굴 기관인 EAFG(Eqipo de Antropología Forense de Guatemala)가 창설되었다. EAFG는 1992년 7월 끼체 주의 산호세 빠쵸 레모아(San José Pachó Lemoa)에서 첫 발굴을 시작한 이래 점차 조사지역을 확대했으며, 1997년에는 법의학 팀에서 재단으로 확대되어 FAFG로 명칭을 변경하였다(노용석 2010: 71-84).

FAFG는 현재 과테말라시티 내에 독자적인 실험실과 사무실을 두면서 DNA실험실, 재정총무실, 행정실 등의 조직체계를 가지고 있다. 여기에는 법의학자(12명)와 고고학자(12명), 사회인류학자(10명) 등 모두 34명의 연구진과 총 140여 명의 일반 직원들이 근무하고 있다. 이들은 1992년부터 현재까지 치말떼낭고, 바하 베라빠스, 알따 베라빠스, 끼체 등지의 민간인 학살지에서 1,300여 건의 발굴을 진행하였다. 발굴은 대개 행정부(Ministerio Publico)로 특정지역에 대한 발굴 요청이 들어오면서 시작된다. 그러면 행정부는 요청건을 심사하여 발굴여부를 결정하고, 이후 FAFG에게 발굴을 요구하게 된다. 하지만 요청건의 심사에 있어서도, 실제 이 업무를 담당하는 것은 행정부가 아니라 FAFG라고 관계자는 증언하고 있다.[16] 발굴된 유해 중 신원이 확인된 경우는 유족에게 인도하고 있지만, 신원이 불확실한 경우는 일단 FAFG에서 보관한다. 하지만 보관을 위해서는 공간 등의 문제가 야기되므로, 일단 신원 미확인 유해는 유전자 샘플을 채취하여 넘버링한 후, 무연고자 묘지 등과 같은 특정 장소에 매장하게 된다. 2012년 2월 현재 FAFG가 보관하고 있는 유해는 총 5,810구(남성 2,972구, 여성 971구, 미확인 1,874구)에 달하고 있다.

유해 발굴은 진실규명이나 '죽은 자에 대한 의례'를 완료한다는 측

---

16) FAFG 연구원 Renaldo Acevedo의 증언(2012년 2월 10일, FAFG 사무실)

면에서 상당히 중요하다. 내전 기간 동안 사망한 민간인 피학살자 혹은 실종자들은 인류학적 죽음의 범주에 있어서 '비정상적 죽음'(uncommon death)에 속한다. 죽음을 정상적인 것과 비정상적인 것으로 구분한다는 것은 죽음 이후 새로운 지위로의 전이가 얼마나 원활하게 이루어졌는 가의 문제로 직결된다. 로벤(Robben 2004: 5)에 의하면, 인간의 죽음은 '좋은 죽음'(good death)과 '나쁜 죽음'(bad death), '비참한 죽음'(tragic death)으로 나눌 수 있다. 이중 비참한 죽음은 전혀 예상치 못한 일이 갑자기 발생 하여 생존한 유족들에게 깊은 상처를 남기는 죽음이며, 또한 정상적인 장례와 같은 통과의례(rite of passage)를 완료하지 못하여 원혼(冤魂)이 발 생할 수 있는 죽음을 말한다. 즉 유해 발굴은 비정상적 죽음을 당하여 육신을 찾지 못한 이들에게 완료되지 못하였던 사회적 의례를 완성하 는 과정이다. 특히 많은 민간인 피학살자들이 고유 의례를 중요시하는 마야원주민임을 고려할 때 이 과정은 상당히 중요하다. 실제 발굴 현장 에서 FAFG 관계자들은 단순히 법의학적인 진단만을 하는 것이 아니라 해당 문화의 특성을 파악하여 이들의 문화적 특성에 맞는 유해 수습 방 식을 선택한다. 이 과정은 곧 피학살자들의 유족에게 자신들의 인권이 증진되고 있다는 감정을 가지게 하고 사회통합의 기초적인 역할을 하 고 있다.

이와 같은 유해 발굴의 부수적 의미와 연관하여, ECAP(Equipo de Estudios Comunitarios y Ación Psicosocial)은 FAFG가 주도하지 못하는 사회심리 적 부분의 활동을 하고 있다. ECAP은 민간인 피학살자 유해 발굴이 본 격화되던 1990년대 중반에 만들어진 단체로서, 심리학자와 사회학자, 인류학자, 사회운동가 등으로 구성되어 있다. 이들은 바하 베리빠스의 라비날과 뻬뗀에서 실시된 유해 발굴에 적극적으로 결합해, 발굴 과정 에서 유족들이 가지는 사회심리적 트라우마를 치유하는 데 중심적인 역

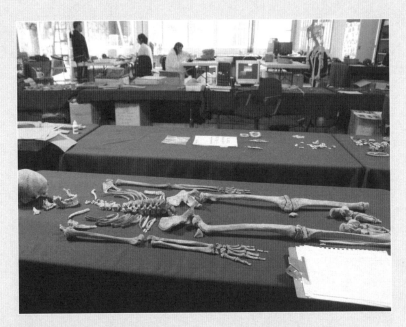

과테말라시티에 위치한 FAFG 사무실 전경

할을 하였다. 또한 이들은 내전 당시 강간 및 성폭행 피해를 당하여 평생을 죄의식 속에서 살아가는 여성들의 트라우마 치유에도 참여하고 있다. 대개 학살 및 강간과 같은 극단적 폭력은 본인뿐만 아니라 주변의 가족까지도 상당한 심리적 장애를 일으킨다. 이 장애는 개인의 고통으로 그치는 것이 아니라 사회통합에 심각한 장애를 일으키므로, 성공적 과거청산 과정에서는 이러한 장애를 극복시켜 정상적인 사회구성으로서 활동할 수 있게 하는 것이 중요한 과제로 여겨진다. ECAP은 유해발굴 과정에서 희생자의 유해를 보고 유족들이 가질 수 있는 트라우마를 치유하기 위해 지속적인 대화와 심리적 치료 방법을 동원한다. 많은 유족과 성폭행 피해 여성들은 떠올리기 싫은 과거를 구술하면서 극심한 고통을 호소하기도 하지만, 반면에 이 과정은 끔찍한 사건의 종결을 의미하면서 사회심리적 장애를 치유하는 데 상당한 도움을 주고 있다. ECAP은 치료를 위해 구술면접과 같은 방법 이외에도 미술치료와 연극 등의 다양한 방법을 활용하고 있다. 이러한 ECAP의 활동은 과거 한국의 과거청산 과정에서도 활용된 바 있으나, 과테말라에서처럼 체계적으로 운용되지는 못하였다.[17] ECAP은 자신들의 활동이 개인에 대한 심리치료이기보다는 인권을 신장하고 사회참여를 확대하여 민주주의를 정착하기 위한 사회적 과정이라 설명하고 있다(ECAP 2009: 10).

---

17) 2005년부터 2010년까지 활동한 한국의 진실화해위원회는 한국전쟁 당시 민간인 피학살자 유족들의 사회심리적 트라우마를 치유하기 위해 출범 당시부터 상당한 노력을 기울였다. 하지만 이 계획은 진실규명이 끝나지 않은 상태에서 후속작업을 진행할 수 없다는 다소 애매한 논리에 의해 2007년 종료되었다.

2012년 현지조사 시 라비날에 위치한 ECAP 사무실에서 연구원들과 함께 찍은 사진

② 가해자 처벌과 법정 투쟁

과거청산을 위한 시민사회의 활동 중 또 다른 주요 목표는 가해자 처벌과 이를 위한 법정 투쟁이다. 전 세계의 수많은 과거청산 사례 중 핵심 가해자에 대한 불처벌 사례는 흔하게 확인할 수 있다. 2009년 실시한 과테말라의 조사에서도 10.7%의 국민들은 가해자들을 용서하고 갈등의 정국을 마무리해야 한다고 답했다(Pérez-sales 2009b: 30). 이때 불처벌을 주장하는 이들이 주로 제기하는 담론은 바로 '화해'이다. 내전의 아픔과 진정한 국민 통합을 위해서는 '관용'과 '화해'가 필수적이며, 처벌을 통해 다시금 사회적 갈등이 조장되어서는 안 된다는 것이다. 하지만 반대편의 입장에서 볼 때 불처벌은 잔혹한 과거가 재현될 수 있는 가장 좋은 근거이다. 이들은 현재 과테말라의 민주주의가 성숙하지 못한 이유로 과거 내전의 국가폭력과 연관된 집권세력들이 처벌받지 않은 채 계속 권력을 유지하는 것에 있다고 주장한다. 현재 과테말라에서 가해자 처벌을 위해 매진하고 있는 대표적 사회단체로는 GAM(Grupo de Apoyo Mutuo)과 FAMDEGUA(Asociación de Familiares de Detenidos-Desaparecidos de Guatemala)를 꼽을 수 있다. 이들은 과거 민간인 학살 및 실종자 문제와 연관된 주요 인물들을 처벌하기 위해 법정투쟁을 진행하고 있다.

GAM이 발족하게 된 경위는 1980년대 초반 과테말라 전 지역에서 발생하였던 실종자 문제와 결부된다. 당시 산 까를로스 대학의 학생회 리더이자 유리공장에서 일하며 노동조합 활동을 했던 페르난도 가르시아(Edgar Fernando García)는 1984년 2월 18일 괴한에 의해 납치된 후 실종되었다. 이후 페르난도 가르시아의 어머니(에밀리아 가르시아)와 아내인 니넷 몬떼네그로(Nineth Varenca Montenegro Cottom)는 아들이자 남편인 실종자의 행방을 찾기 위해 경찰서와 감옥 등을 전전하게 되었다. 이 과정에서 이들은 자신들과 같은 처지에 놓인 많은 가족들을 만나게 되었고, 이후 더욱 강력한 힘을 발휘하기 위해 연대조직을 결성하게 되는데, 이것이 GAM의 출발이 되었다.[18] 초기 GAM의 멤버들은 비슷한 시기 아르헨티나에서 실종자 문제를 해결하고자 노력하던 오월광장 어머니회와 긴밀한 협조 관계를 가졌다. 이들은 자신들보다 먼저 구성된 오월광장 어머니회로부터 상당한 조직 경험과 운영방법을 배웠으며, 현재까지도 이 관계를 유지하고 있다. 그렇다고 GAM이 순탄한 출발을 한 것은 아니었다. 최근 들어 AHPN(El Archivo Histórico de la Policía Nacional de Guatemala)에서 발견된 경찰 문서들을 보면, 1980년대 당시 군사독재 정권은 GAM을 일종의 '이적단체'로 분류한 후 단체에 속한 구성원들에게 지속적인 살해 협박과 탄압을 자행하였다.[19] GAM은 조직이 정비되면서 단순한 실종자 가족의 모임을 떠나 좀 더 전문적이고 세분화된 업무를 개척하기 시작하였다. 이들은 과테말라 내전 기간 중 발생한 수많은 인권침해 사례들을 체계적으로 수집하면서, 전국적으로 발생한 민간인 대량학살과 제노사이드, 인권침해와 관련한 증언들을 자료화하여 데이터베이스를 만드는 데 주력하였다. 이러한 결과로 GAM은 1997년 출범한 CEH

---

18) 이 내용은 GAM의 법률 담당인 아니발 알론소(Anibal Alonzo)와의 인터뷰를 통해 확인한 것으로서, 현재 GAM의 운영에 있어서 니넷 몬테네그로가 중요한 역할을 하고 있기 때문에 말한 것으로 보인다. 즉 GAM의 결성에 있어서 페르난도 가르시아의 죽음이 중요한 역할을 하긴 했지만, 그의 죽음을 중심으로 초기 GAM이 결성되었다고 볼 수는 없다는 것이다.

19) 대표적인 경우로서 1985년 4월 4일 군부에 의해 납치 살해된 로사리오 고도이(María del Rosario Godoy de Cuevas)의 사례를 들 수 있다. 남자 형제가 실종되었던 로사리오 고도이는 그녀의 남편과 함께 GAM의 회원으로 활동하고 있었다. 그러나 활동 도중 그녀의 남편이 먼저 실종되었고, 이후 군부는 그녀와 어린 아들마저도 납치한 후 살해하였다. 또한 현재 GAM의 대표를 맡고 있는 마리오 폴랑코(Mario Polanco)는 1993년 12월 10일 수명의 남자들에 의해 납치되어 권총으로 살해 위협을 받은 적이 있었다. 다행히 그는 위기를 모면하고 생존할 수 있었으나, 이러한 사례들은 GAM이 군부에게 어떠한 존재로 인식되었는가를 알 수 있게 하는 중요한 사례들이다.

과테말라시티 소나 1에 위치한 GAM 사무실 내부 전경

가 초기 조사에 어려움을 겪고 있을 때 자신들이 수집한 약 38,000건의 증거들을 위원회에 제출함으로써, 보다 효과적인 과거청산을 진행하는 데 큰 역할을 하였다. 이 시기를 전후하여 GAM은 조직의 성격을 단순한 유족 및 실종자 가족모임에서 보편적 인권단체로의 변화를 시도하는데, 그중 가장 큰 변화가 1996년 니넷 몬떼네그로가 국회의원에 당선된 것이다. 이것은 조직의 성격을 좀 더 정치적이고 법제적인 측면으로 발전시키면서 아직도 현안으로 남아 있는 내전 기간 중의 불처벌 가해자를 처벌하기 위해 법률 제정, 보편적 인권을 확립하기 위한 악법의 폐지, 사회복지 등을 강화하기 위한 청원운동 등으로 사업의 폭이 확대됨을 의미한다. 현재 GAM은 실종자 찾기 및 대량학살의 가해자 처벌 문제뿐만 아니라 과테말라 정치에 중요한 변수가 될 수 있는 여성문제와 원주민 차별 문제, 불평등 문제 등 보편적 인권과 연관된 다수의 일들에 관여하고 있다.

AMDEGUA(Asociación de Familiares de Detenidos-Desaparecidos de Guatemala)는 GAM과 유사하게 내전 기간 중 발생한 실종자 가족이 중심이 되어 결성되었으며, 1984년부터 GAM의 구성원으로 활동하였다. 즉 FAMDEGUA의 주요 구성원들이 GAM의 창설 멤버였던 것이다. 하지만 1995년 이들은 정치적인 견해 차이로 분리하게 되는데, 이 당시 GAM을 탈퇴한 이들이 FAMDEGUA를 설립하였다. 현재 FAMDEGUA는 과테말라시티의 실종자 열 가족이 중심이 되어 운영하고 있으며, 전체 회원은 전국적으로 마야 원주민을 포함해 다양한 사람들로 구성되어 있다. 구성원들의 대부분은 실종 문제가 발생하기 이전에는 아주 평범한 일상을 살아오던 사람들이었다. 현재 FAMDEGUA의 대표를 맡고 있는 엘레나 파르판(Aura Elena Farfán, 72세) 역시 두 명의 가족이 실종에 연루되지 않았다면 평범한 가정주부로 평생을 살았을 것이다.

FAMDEGUA 사무실에서 회장인 엘레나 파르판과 필자
벽에 걸려 있는 사진들이 과테말라 내전 당시 실종된 이들의 사진이다.

과테말라시티 소나 1에 위치한 FAMDEGUA 사무실 전경

FAMDEGUA의 가장 중요한 목표는 실종자를 찾고 그 유족을 지원하는 것에 조직의 힘을 집중하며, 보편적 인권이나 정치체계로 눈을 돌리지 않고 있다. 하지만 위와 같은 연유로 FAMDEGUA를 실종자 유족의 권리만을 주장하는 이기적 단체로 인식할 수 있는 것은 아니다. FAMDEGUA는 전국의 수많은 사람들로부터 실종 신고를 접수하거나 암매장지 정보를 수집하고, 법적인 측면에서 실종자 등록 신고 등을 대행하면서 유족을 지원하고 있다. 또한 과거 인권유린을 자행한 가해자를 찾아내거나 이들에 대한 자료를 축적하기 위해 노력하고 있다. 이러한 활동은 미시적 범주로 볼 때 실종자 및 민간인 피학살자 유족에 한정된 것처럼 보이지만, 거시적으로는 과테말라의 민주주의 지표와 직결되어 있기에 소극적 활동으로 취급할 수 없는 것이다. 이러한 근거는 아래 FAMDEGUA의 주요 활동을 통해 확인할 수 있다.

FAMDEGUA는 학살 책임자를 기소하여 처벌하기 위한 법적 투쟁을 현재까지 진행하고 있다. 앞서 소개한 도스 에레스 민간인 학살 사건의 주요 책임자 5명에 대한 기소와 법정 투쟁은 모두 FAMDEGUA가 주도한 것이다. FAMDEGUA는 끈질긴 추적 끝에 도스 에레스 사건과 연관되어 있던 전직 까이빌레스(Kaibiles)[20] 두 명으로부터 학살에 연관된 사람이 누구이고 구체적 정황은 어떻게 진행되었으며 시체를 어디에 유기했는가 등을 들을 수 있었다. FAMDEGUA는 이 증언을 토대로 인권변

---

20) 과테말라 내전 당시 민간인 학살을 자행하였던 특수부대의 명칭을 말한다. 이 부대의 전신은 1974년 12월 5일 창설되었던 과테말라 군사학교(Escuela de Comandos)이며, 3개월 후인 1975년 3월에 명칭을 'The Kaibil Special Operations Training Centre'(Centro de Adiestramiento y Operaciones Especiales Kaibil)로 변경하게 된다. 까이빌(Kaibil)이라는 명칭은 스페인 정복 시기 활약하였던 마야 원주민 지도자의 이름에서 따온 것이다.

호사위원회와 함께 재판을 진행하여, 모두 5명의 군인들에게 유죄판결을 내릴 수 있었다. 이외에도 FAMDEGUA는 삐뗀(1꽃)과 알따 베라빠스, 치끼물라 등에서 발생한 민간인 학살의 주요 책임자를 처벌하기 위해 법정 투쟁을 진행하고 있는 중이다. 이러한 법정투쟁과 그 결과는 언론을 통해 전 세계에 즉각적으로 보도되고 있으며, 이를 통해 내국민과 세계인들은 과테말라의 인권과 민주주의가 신장하고 있음을 느끼는 것이다. 또한 FAMDEGUA는 민간인 피학살자 유해 발굴에도 관여하고 있다. 하지만 FAMDEGUA는 발굴을 위한 전문적 지식을 갖고 있지 않으므로, 이 활동에서는 교량자적 역할을 하고 있다. 즉 발굴이 필요한 유족과 행정부(Ministerio Publico), FAFG 사이에서 업무를 원활히 진행하는 가교 역할을 하고 있다.

이처럼 거의 비슷한 활동을 하는 두 조직이 갈라지게 된 배경은 조직의 정치 참여에 대한 서로 다른 견해 때문이었다. FAMDEGUA의 구성원들은 초기부터 조직의 고유 임무인 실종자 찾기와 민간인 학살 진실 규명, 유해 발굴에 집중해야 한다고 주장했다. 하지만 현재 GAM의 멤버들은 과거청산이 과테말라의 현실 정치와 긴밀히 연결되어 있고, 모든 부분의 사회문제와 직결되어 있다고 보았다. 즉 과거청산과 민주주의의 발전을 불가분의 관계로 본 것이다. 조직의 지도자였던 니넷 몬떼네그로가 의회 정치에 참여한 것은 GAM이 과테말라 과거청산을 어떻게 인식하는지를 잘 보여주는 대목이다. 하지만 FAMDEGUA의 구성원들은 부패한 현실정치에 참여하는 것은 과거청산을 이끌어나가는데 큰 도움이 되지 않는다고 보았다. 하지만 이 두 조직은 배타적인 적대성을 가진 것은 아니며, 상당수의 활동에서 상호공조하거나 유사한 업무를 수행하고 있다. 단지 정치참여 문제와 GAM의 활동 영역이 FAMDEGUA보다 다소 넓다는 데 차이점을 두고 있다. 이에 대해 현

GAM의 대표인 마리오 뽈랑꼬(Mario Polanco)는 인터뷰에서 두 조직의 다름이 과테말라의 과거청산과 민주주의를 바라보는 근본적인 시각 차이에서 온 것이 아니라고 말한다. 이들은 같은 길을 걸어가고 있지만, 단지 그 길을 가는 전술이 다를 뿐이라는 것이다.

③ 원주민 인권의 신장

과테말라의 민주주의를 언급할 때 가장 중요한 요소 중의 하나가 원주민 인권 문제이다. 과테말라의 마야 원주민들은 현재까지도 사회에서 가장 극단의 마이너리티로 살아가고 있으며, 이들의 문화를 인정하고 인권을 증진하는 것이 민주주의의 발전과 직결되어 있다. 그러므로 내전 시기 가장 격렬했던 마야 원주민 학살의 청산이야말로 사회적으로 중요한 과제일 수밖에 없다.

과테말라의 많은 시민단체들 중 직·간접적으로 마야 원주민 문제와 연결되지 않은 단체는 거의 없다. 하지만 이 가운데서도 특히 마야 원주민 문제에 집중하고 있는 곳은 CALDH(Centro para la Acción Legal en Derechos Humanos)이다. CALDH의 주요 임무는 과테말라 내 보편적 인권을 보호하고 역사에 대한 기념화를 시도하며, 어떠한 형식의 인간 차별도 부정하는 것이다. 이들은 과테말라에서의 보편적 인권증진과 관련하여 활동하고 있지만, 특히 마야 원주민의 인권증진과 문화를 보호하는 데 상당한 역량을 기울이고 있다. 그러므로 이들은 2000년부터 타 단체에 비해 더욱 마야 원주민 제노사이드와 관련한 가해자 처벌 및 법정투쟁에 집중하고 있으며, 직접적인 원주민 조직 사업도 진행하고 있다. 예를 들어 CALDH는 현재 바하 베라빠스 라비날(Rabinal) 지역의 아치(Achí) 원주민 학살에 대한 재판을 준비 중이며, 이를 위해 원주민들을 규합하고 법정

증언 동의서를 받아내는 등의 활동을 하고 있다.[21]

이 활동에서 CALDH가 중요하게 여기는 것은 원주민을 현실 사회체계 내에 적극적으로 참여하게 만드는 것이다. 이들은 원주민의 인권증진 및 문화존중 정책이 사회로부터 수동적으로 얻어지는 것이 아니라, 원주민들이 적극적으로 참여하여 활동할 때만 바뀔 수 있다고 본다. 하지만 현재 원주민들의 사회적 위치가 적극적인 행동을 할 수 없기에 이를 보조해주고 있는 것이다.

원주민들이 자신들의 문제에 대해 적극적으로 대처하지 못하는 이유는 여러 가지 상황에 기인하고 있다. 가장 큰 이유는 개인적 공포이다. 대규모 학살과 같은 트라우마를 지니고 있는 원주민들은 이 문제를 해결하기 위한 자신들의 활동이 또 다른 폭력을 불러올 수 있다는 데 공포를 느끼고 있다. 이 경우는 CALDH가 주최한 라비날 모임에서도 확인한바 있는데, 많은 원주민들은 자신들의 법정 증언이 새로운 보복을 낳지 않을까 두려워하고 있었다. 두 번째 이유는 혼돈이다. 원주민들은 자신들이 바라는 가해자 처벌과 보상, 인권증진 등의 사안이 과연 제대로 해결될 수 있을까에 대해 의구심을 가지고 있다. 역사적으로 단 한 번도 '승리'의 역사를 가져보지 못한 원주민에게 이러한 문제는 당연한 것일 수도 있다. 세 번째 이유는 과거청산과 관련하여 과테말라 사회 내에 팽배해 있는 '화해' 담론이다. 화해 담론은 과거청산의 불필요성을 끊임없이 제기하며, 원주민들의 적극적 행동을 막고 있다. 네 번째 이유

---

21) 필자는 과테말라 현지조사 당시(2012년 2월 16일), CALDH 소속 변호사와 함께 라비날을 방문하였다. 이날 라비날 회합에는 아치원주민 50여 명이 모였으며, 이들은 CALDH의 지도에 따라 재판을 준비하기 위해 모인 것이었다. 하지만 당시 자리에 모인 아치원주민들 중 상당수는 아직까지도 학살 사실을 발설하는 것에 대해 불안감을 느끼고 있었으며, CALDH는 이러한 측면에 대해 원주민들을 교육하고 있었다.

는 소송 및 재판 등을 진행하는데 있어서 원주민이 무지하다는 것이다. 현재까지 상당수의 과테말라 마야 원주민들은 스페인어 구사능력이 원활하지 않으며, 따라서 독자적으로 소송 및 재판 등을 진행할 수 없다. 결국 CALDH는 위와 같은 원주민들의 어려움을 측면에서 보완하며 이들을 과테말라라는 근대국민국가 체계의 중심으로 이끄는 역할을 하는 것이다. 이것은 CALDH가 목표로 삼고 있는 참여민주주의의 확대와 이로 인한 인권의 증진, 민주주의의 발전과 맥을 같이하고 있다.

CALDH 직원들이 학살가해자 기소를 법정에 세우기 위해 라비날에 내려가
원주민 유족들의 동의서를 받고 있는 모습

5) '끝나지 않은 과거청산'과 민주주의

2012년 2월 24일, GAM과 FAMDEGUA, FAFG 등의 단체들은 과테말라시티의 의회 앞에서 실종자 문제 해결을 위한 캠페인을 벌였다.[22] 이날 캠페인은 시위라기보다는 선전전에 가까웠다. 각 단체들은 자신들이 관여하고 있는 실종자들의 사진을 도로에 걸어놓고, 이 문제의 해결을 위한 정부의 대책을 촉구하였다. 특히 캠페인 참가자들은 실종자 문제 해결을 위한 '특별법 3590'(Ley 3590) 제정을 강력하게 요구하였다. 거리를 지나가는 시민들은 발길을 멈추고 실종자들의 사진을 구경하였으며, 피해 유가족이면서도 미처 단체에 가입하지 못했던 일부 시민들은 단체의 가입에 대해 문의하기도 하였다.

과테말라에는 앞에서 소개한 단체 이외에도 상당히 많은 유형의 시민사회 세력이 존재하고 있다. 그럼에도 불구하고 위의 단체들이 특히 주목받고 있는 것은 과거청산을 매개로 법정투쟁 등을 통해 민주주의의 질적인 개선을 요구하고 있기 때문이다. 과테말라는 내전이 종식된 지 16년이 지난 현재까지 내전 당시의 상처를 치유하고 정의를 구현하는 것이 민주주의로 가는 중요한 여정에 속해 있는 것이다. 정의가 구현되지 않은 사회에서 올바른 민주주의가 탄생할 수는 없기 때문이다.

과테말라 사례는 많은 국가들이 과거청산 과정에서 어느 정도의 시간이 경과한 후부터 '기념 및 화해 위령사업'이라 불리는 다소 방어적 입장을 취하는 것에 비교하면, 상당히 원칙적이고 강경한 입장을 고수하는 것이다. 이에 대해 FAMDEGUA의 회장인 엘레나 파르판은 "도대체 우리가 누구와 화해를 한단 말인가? 화해를 할 대상이 있어야 할 것

---

22) 이날 필자는 직접 현지에 나가 캠페인의 분위기를 살피고 시민단체 관계자들과 인터뷰를 하였다.

아닌가. 화해를 위한 대상을 찾기 위해서라도 처벌은 필요하다"라고 말하고 있다.[23]

이와 같은 과테말라 시민사회 단체들의 발전은 평화협정 이후 정치적으로 군부와 우파의 세력이 약화되고 중도좌파가 약진했다는 측면에서도 이유를 찾을 수 있다. 하지만 2012년 1월 새롭게 과테말라의 대통령에 당선된 애국자당(PP)의 오토 페리스 몰리나(Otto Pérez Molina)는 전직 군인 출신으로서, 1982년 내전 당시 군의 정보당국 책임자였다. 그는 1996년 평화협정 당시 군부를 이끌던 대표이긴 하였지만, 아직까지 원주민 학살을 지시한 배후 인물로 거론되고 있다. 이러한 상황은 곧 과테말라 과거청산 관련 시민사회 단체들의 행보에 커다란 영향을 미칠 수 있다. 따라서 현재까지 진행된 과테말라 시민사회 단체의 과거청산은 새로운 국면을 맞게 되었으며, 이를 어떻게 헤치고 나가는지에 대해서는 향후 꾸준한 관심과 더불어 새로운 연구가 필요한 부분이라고 할 수 있다.

---

23) 엘레나 파르판 인터뷰 증언(2012년 2월 13일).

2012년 2월 24일, 과테말라 의회 앞에서 실종자 문제 해결을 위해
시민단체들이 집회와 사진전을 열고 있다.

| 참고문헌 |

인터뷰

Benjamín Manuel Jerónimo(Plan de Snachez 마을 유족회장)

Renaldo Acevedo(FAFG 조사책임자)

Aura Elena Farfán(FAMDEGUA 회장)

Anibal Alonzo(GAM 법률 담당)

Mario Polanco(GAM Director)

논문 및 문헌

노용석 2010, 「라틴아메리카 과거청산과 유해 발굴-아르헨티나, 엘살바도르, 과
테말라 사례를 중심으로」, 『이베로아메리카』12-2. 부산외국어대학교 라틴아
메리카지역원.

Carlos Chen Osorio. 2009, *Historias de Lucha y de Esperanza*. ADIVIMA(Asociación
para el Desarrollo Integral de las Víctimas de la Violencia en las Verapaces Maya
Achí).

Eqipo Argentino de Antropología Forense(EAAF). 2002, *Informe Mini Annual
2002.*

_____2006, *Informe Mini Annual 2006.*

_____2007, *2007 Annual Report-Covering the Period January to December 2006-.*

Eqipo de Antropología Forense de Guatemala(EAFG). 1997, *Las Masacres en
Rabinal.*

Equipo de Estudios Comunitarios y Ación Psicosocial(ECAP). 2009, *Working for Interna-
tional Consensus on Minimum Standards for Psychosocial Work in Exhumation Processes
for The Search for Disappeared Persons,* Guatemala City: F&G Editores.

Foster, Lynn V. 2007, *A Brief History of Central America.* New York: Checkmark
Books.

Fundación de Antropología Forense de Guatemala(FAFG). 2004, *A La Memoria de las Victimas.*

Grupo de Apoyo Mutuo. 2000, *Masacres en Guatemala.*

Grandin, Greg. 2004, *The Last Colonial Massacre. Chicago:* The University of Chicago Press.

Hayner, Priscilla B. 2002, *Unspeakable Truths -Facing the Challenge of Truth Commissions-.* New York: Routledge.

Oficina de Derechos Humanos del Arzobispado de Guatemala(ODHAG). 1998, *Nunca más III : El Entorno Histórico.* Guatemala City.

Pearcy, Thomas L. 2006, *The History of Central America.* New York: Palgrave Macmillan.

Robben, A. C. G. M., 2004, "Death and Anthropology: An Introduction", *Death, Mourning, and Burial,* London: Blackwell Publishing.

Roht-Arriaza, Naomi. 2006, *Transitional Justice in the Twenty-First Century,* New York: Cambridge University Press.

Rothenberg, Daniel. 2012, *Memory of Silence -The Guatemalan Truth Commission Report-.* New York: Palgrave Macmillan.

Salvesen, Hilde. 2002, *Guatemala: Five Years After The Peace Accords -The Challenges of Implementing Peace-.* Oslo: International Peace Research Institute.

Sanford, Victoria. 2003, *Buried Secrets -The Truth and Human Rights in Guatemala-.* New York: Palgrave Macmillan.

Pérez-sales, P. 2009a, "Estudios Sociológicos sobre Verdad, Justicia y Reparación en El Contexto de Violencia Politica. Circunstancia Cociopoliticas, Iniciativas y Resultados", in ECAP/GAC. *Exhumaciones, Verdad, Justica y Reparación en Guatemala. Estudio de Opinión,* Guatemala City: F&G Editores.

_____2009b, "The Pain of Impunity", *Operation Sofia,* http://www.ccoo.es/comunes/recursos/1/doc83735_Operation_Sofia_(Taking_the_fishs_water_away). pdf.

Shaw, Martin. 2003, *War and Genocide*. Cambridge: Polity Press.

Snow, C. and Bihurriet, M. J. 1992, "An Epidemiology of Homicide: Ningún Nombre Burials in the Province of Buenos Aires from 1970 to 1984". in T.B.Jabine and R.P. Claude(Eds). *Human Rights and Statistics-Getting the Record Straight-*. Philadelphia: University of Pennsylvania Press.

Santiago Otero Diez. 2008, *Gerardi -Memoria Viva-*. Guatemala: ODHAG.

5

원주민 학살과 제노사이드
: 과테말라 과거청산의 특징

플란데 산체스 마을 전경
1982년 7월 18일을 전후하여 마야 원주민 256명이 학살된 플란데 산체스 마을의 전경

1) 과테말라와 원주민 학살의 관계

2013년 3월 19일, 과테말라의 전직 대통령이자 독재자로 일컬어지는 리오스 몬트(Efraín Ríos Montt)가 1980년대 마야 원주민을 집단 학살한 혐의로 과테말라 법정에 섰다. 전(前) 국가 지도자가 집단 학살 혐의로 국제형사재판소(International Criminal Court, ICC)가 아닌 자국 법정에 서는 것은 극히 이례적인 일이다. 리오스 몬트는 이 법정에서 1982년부터 1983년까지 사망자 1,771명, 강제이동 2만 9천 명, 여성 8명에 대한 성적 학대와 고문 등 적어도 14개의 범죄에 대한 교사자(intellectual author)로 기소되었다. 이후 2013년 5월 10일, 과테말라 법정은 리오스 몬트의 혐의를 인정하여 징역 80년 형을 선고하였다. 이 판결은 집단 학살 혐의가 있는 전직 지도자를 자국 법정에서 단죄했다는 측면에서 전 세계의 주목을 받았다. 하지만 5월 21일, 과테말라 헌법재판소는 리오스 몬트에 대한 재판부 원심을 파기하고, 재판을 4월 17일 이전으로 되돌려야 한다는 판결을 내렸다. 그 이유는 리오스 몬트가 재판 과정에서 적절한 변호 기회를 갖지 못했다는 것이었다. 결국 리오스 몬트에 대한 유죄 판결은 무효화 되었고, 재판은 2015년이 되어야 재개될 것으로 보인다.

리오스 몬트가 이 재판에서 전 세계적으로 주목을 받았던 이유는 대통령 집권 당시 발생한 집단 학살과 인권 유린의 주범이었기 때문이다.

특히 집단 학살에 있어서, 대부분의 피학살자들은 마야 원주민들이었다. 이러한 연유로 인해 많은 논문과 보고서, 언론보도에서는 과테말라 내전을 마야 원주민을 집단 학살한 제노사이드로 규정하고 있으며, 리오스 몬트는 이 범죄의 최대 가해자로 지목되어 있다.

하지만 제노사이드는 개념 규정에 있어서 보편적인 집단 학살 (massacre)과 약간의 차이를 보이고 있다.[1] 설령 다수의 민간인들이 참혹하게 학살되었더라도, 이 행위의 근본적 배경과 목적이 한 종족에 대한 절멸 의도가 있었는가는 제노사이드와 집단 학살을 구분하는 중요한 기준이 된다. 이렇듯 제노사이드와 집단 학살을 구분하는 것은 좀 더 의도적인 반인륜적 범죄를 밝혀내고 해당 사회의 문화적 특징을 고찰하기 위함이며, 주로 국제전범재판이나 학계에서 사용하고 있다.

이 장에서는 과테말라 내전 당시 마야 원주민 학살의 세부적인 배경을 제노사이드와 관련하여 고찰하고 그 특성을 분석하고자 한다. 단 제노사이드의 배경을 밝히는 것은 다양한 관점에서 시작할 수 있다. 만약 범죄 구성 원칙에 따라 구분한다면, 제노사이드는 가해자와 피해자의 맥락을 통해 확인할 수 있을 것이다. 또한 사회문화적 배경에 의한다면, 해당 사회의 종족성이나 역사적 배경을 통해 행위의 목적이 제노사이드와 연관이 있는가를 바라볼 수 있을 것이다.

---

1) 일반적으로 제노사이드는 전쟁 등의 상황에서 발생할 수 있는 대규모 학살 (massacre)과는 구분하여 사용하고 있으며, 제노사이드를 이루기 위한 한 방법으로 대규모 학살이 사용될 수는 있다. 이와 관련하여 제노사이드에 대한 개념 정립을 추구해 온 쿠퍼(Leo Kuper 1981)는 히로시마와 나가사키, 함부르크 등지에 실시되었던 공중폭격이 엄밀한 의미에서 유엔에서 체결된 제노사이드 협정에 포함될 수 없음을 밝히고 있다. 이러한 이유에 대해 쿠퍼는 현대의 전면전(total war)에서 적군이 어떤 도시를 점유하고 있다면, 이 도시에 거주하고 있는 모든 시민을 적군으로 간주하는 관습이 있기 때문이라고 말하고 있다. 이럴 경우 무작위 대중에 대한 살상의 의도가 제노사이드보다는 상당히 떨어진다.

위와 같은 목적을 달성하기 위해 먼저 제노사이드와 연관한 가해자의 절멸 의도가 어떻게 발현되었는가를 당시 군사작전 기록 등을 통해 고찰해보고자 한다. 이것은 제노사이드와 관련하여 당시 가해자들이 어떠한 의도와 내용, 그리고 고의성을 내재하고 있었는가를 확인할 수 있는 방법이 될 것이다. 특히 이 기록들은 과테말라 내전 기간 동안 가장 많은 민간인들이 학살되었다는 리오스 몬트 정부를 전후한 시기의 문서들이 중심이 되었다.

2) 제노사이드에 대한 다양한 접근들

2013년 12월, 전 세계는 남수단(Republic of South Sudan)에서 발생하고 있는 끔찍한 인종 학살에 대한 소식을 접하고 경악을 금치 못하였다. 2011년 수단으로부터 분리 독립한 남수단은 다수를 차지하고 있는 딩카족(the Dinka)과 누어족(the Nuer) 사이의 분쟁이 악화되어, 12월 사이에 수천 명의 사상자가 발생하는 최악의 사태가 발생하였다. 몇몇 전문가들은 이번 남수단 사태가 1994년 약 백만 명의 인종 학살 피해자를 양산한 르완다(Rwanda) 사례처럼 발전할 수 있다는 전망을 하고 있다. 이처럼 인류는 포에니 전쟁 당시 카르타고인에 대한 로마인의 학살과 1492년부터 시작된 라틴아메리카 원주민 학살, 19세기 북미에서 행해진 인디언 학살, 제2차 세계대전 당시 홀로코스트와 난징 학살, 1975~1979년 사이 발생한 캄보디아의 킬링필드, 1987년 이라크의 쿠르드족(the Kurd) 학살, 1998년 코소보 사태, 동티모르 사태 등 현재까지 끊임없는 제노사이드를 경험하고 있다(Chalk & Jonassohn 1990).

사회문화적으로 정의된 특정 인종 혹은 종족(ethnic group)을 절멸의 대상으로 삼고 있는 제노사이드는 비단 사례의 참혹성과 연관된 것이 아니라 사회문화적으로 재고할 많은 요소를 안고 있다. 이것은 인간의 본질을 연구하는 데 있어서 상당히 중요한 소재 중의 하나로 취급되어왔으며, 지금까지 살인 행위를 인간의 정신적·신체적 특징 혹은 문화적 현상으로 고찰하고자 하는 인류학과 사회학, 심리학 등에서도 꾸준히 시도하고 있다.

제노사이드에 대한 정의는 1944년 유대인 학자 라파엘 램킨(Raphael Lemkin 1944)에 의해 최초로 정의되었고, 이후 이 정의를 바탕으로 1948년 유엔 총회에서 '제노사이드 방지와 처벌에 대한 협정'(Convention on the Prevention and Punishment of crime of Genocide)이 채택되었다. 이 협정에서 확인된 제노사이드의 정의는 '민족이나 국가(national), 종족(ethnical), 인종(racial), 종교(religious) 집단의 일부 혹은 전체를 파괴하려는 일련의 모든 의도'들을 일컫는다. 유엔협정에서 이 의도들은 a) 집단 구성원의 살해, b) 집단 구성원에게 정신적 혹은 육체적으로 심각한 위해를 가하는 행위, c) 집단 내 출산을 고의적으로 막기 위한 행동들, d) 집단의 어린이들을 다른 집단으로 보내는 행위 등으로 세분화되어 있다(Shaw 2003: 34).

이후 학자들은 제노사이드를 램킨과 유엔협정의 정의를 넘어서 20세기 후반 인류문화의 특수현상으로 보고자 노력하였다. 대표적인 학자로서 쿠퍼(Leo Kuper)는 근대사회에서 제노사이드가 발생하게 되는 주요 가해 요인을 세 가지로 분류하면서, 첫째 종교와 인종(racial), 종족(ethnic) 문제를 해결하기 위한 요인, 둘째 제국주의에 의해 지배된 식민지 민중을 탄압하기 위한 요인, 셋째 정치적 이데올로기를 시행하거나 강화하기 위한 요인으로 강조하고 있다(Kuper 1981: 11-18). 이에 근거하여 쵸크(Frank Chalk)는 유형분류학적으로 제노사이드를 모두 네 가지로 나누는데, 그것은 실제 혹은 잠재적 위협을 제거하기 위한 유형, 실제 혹은 잠재적 적 사이에 공포를 조장하기 위한 유형, 적의 부(wealth)를 획득하기 위한 유형, 신념과 이론 그리고 이데올로기 등을 실현하기 위한 유형 등이다. 이 중 대략적으로 볼 때 앞의 세 가지 유형은 주로 고대로부터 시작된 거대 제국(empire)의 건설과 유지를 위한 용도로 사용되었다(Chalk & Jonassohn 1990: 29-32). 즉 특정 집단이 주변의 실제 혹은 잠재적 적을 절멸하여 제국을 건설하는 과정에서 제노사이드가 발생한 것이다.

하지만 20세기 이후부터 전 세계적으로 근대국민국가가 보편화되면서 이와 같은 유형의 제노사이드는 거의 목격되지 않고 있다. 오히려 20세기 이후부터는 이보다 신념과 이론, 이데올로기 등을 실현하기 위한 과정에서 제노사이드가 발생하고 있다. 이에 따라 제노사이드의 가해자와 피해자의 관계 역시 20세기 이후부터는 급격히 서로 다른 집단에 존재하기보다는 한 집단 내에 존재하는 비율이 높아지게 되었다. 결국 20세기 이후 제노사이드는 종족적 대결을 통한 상대방의 절멸에 근원한다기보다는 특정 근대국민국가가 이데올로기 및 신념을 강요하기 위해 자국의 국민들을 억압하는 과정에서 가장 많이 발생하고 있다.

위 제노사이드의 분류 및 정의를 통해 볼 때, 여기서 설명하고 있는 과테말라의 제노사이드는 근대국민국가의 이데올로기를 주입하고 통치권을 강화하기 위해 마야 원주민을 학살한 경우라고 볼 수 있다. 이 현상의 구제적 과정을 다음 장에서부터 설명하고자 한다.

3) 과테말라 내전과 마야 원주민의 정체성

과테말라의 과거청산은 타 지역의 사례와 비교할 때 조금 다른 특징을 가진다. 중미의 인접국인 엘살바도르와 같이, 과테말라는 냉전이 붕괴된 이후 내전을 종식하기 위한 전략적 방법으로 과거청산을 이용한 면이 상당히 크다. 즉 과거청산을 위한 명확한 이행시점(transition point)이

도래하지 않았음에도 불구하고 정부군과 게릴라 간의 소모적인 적대행위를 끝내기 위하여 국제사회(유엔 등)의 도움을 빌려 평화협정을 체결하고, 이에 대한 일종의 '상징'으로 과거청산을 시도한 것이다. 36년간의 내전은 과테말라 내 수많은 불신을 양산하였고, 이에 대한 청산 없이 발전된 민주국가를 이룰 수 없다는 의지의 표현이었다. 특히 과테말라의 경우, 과거청산 대상 중 중요하게 간주된 것은 원주민 문제였다. CEH는 1999년 최종보고서를 발간하며 다양한 형태의 권고사항을 포함시켰는데, 이 가운데 상당 부분의 내용이 마야 원주민과 관련된 것이었다. CEH는 마야 원주민과 관련하여 상이한 문화의 상호존중과 인권을 증진하기 위해 각종 문서 및 보고서의 마야 언어로의 번역, 평화와 문화 상호존중에 대한 교육, 인권을 증진하기 위한 기구의 설치, 차별 금지 등의 조치를 권고하였다. 이처럼 과테말라 과거청산에서 원주민 문제가 중요한 주제로 대두된 것은 내전 기간 중 조직적이고 계획적인 원주민 인권침해들이 발생하였기 때문이다.

그렇다면 과테말라에서 위와 같은 원주민에 대한 차별정책과 제노사이드가 발생한 이유는 무엇일까? 이것은 서구 유럽에 의해 식민지화되어갔던 라틴아메리카의 고유한 역사적 배경을 제외한 채 결코 설명할 수 없는 부분이기도 하다.

과테말라는 고대로부터 찬란한 마야 문명이 기원한 지역이다. 하지만 유럽에 의해 신대륙의 정벌이 본격화되면서 다른 지역의 고대문명이었던 아스텍(Aztec) 및 잉카(Inca) 문명과 같이, 마야 문명의 원주민들은 역사의 뒤안길로 사라질 수밖에 없었다. 그러나 엘만 서비스(Elman Service)에 의하면, 과테말라가 위치한 중미 지역은 고대로부터 중부 안데스 고지대와 함께 복잡한 국가조직을 가진 수준 높은 문화적 발달을 이룬 곳이었다. 이곳의 원주민들은 인종적 혼합(mestizo)과 스페인 지배

계급이 도래한 이후에도 지역공동체와 가족제도를 강하게 지키려는 경향이 있었다. 또한 지역 공동체들은 원주민으로서 그들의 정체성을 유지하였으며, 많은 토착적 혹은 민족적으로 뚜렷이 구별되는 풍습을 꾸준히 유지하고 있다(젠 니퍼스, 라틴아메리카지역원 번역팀 2012: 67-68).[2] 즉 마야문명은 유럽의 신대륙 정벌 이후 핵심 문화코드를 상실하였지만, 적어도 과테말라와 같은 지역에서는 자신들의 문화적 정체성으로서 마야문화를 보존하고 있다는 것이다. 현재 라틴아메리카의 다른 지역과 비교해 볼 때 소위 '인도-아메리카' 지역의 원주민 비율이 다른 지역에 비해 월등히 높다는 것도 이러한 사실을 입증하고 있는 것이다.

〈표 5〉 라틴아메리카의 원주민 인구(2000년 기준)[3]

	국가	총인구	원주민 인구	원주민 비율
유로-아메리카	아르헨티나, 우루과이, 코스타리카	44,529,000	511,870	1.1
아프로-아메리카	브라질	138,914,000	96,780	0.1
	기아나	1,324,000	80,286	6.1
	콜롬비아	7,095,000	306,700	4.3
메스티소-아메리카	멕시코	39,501,629	415,518	0.1
	베네수엘라	23,900,000	382,400	1.6
	파라과이	5,206,101	85,674	1.6
	칠레	15,116,435	453,500	3.0
인도-아메리카	벨리스	232,111	24,501	10.6
	과테말라	9,133,000	4,000,000	43.8
	에콰도르	10,508,000	3,111,900	29.6
	페루	22,304,000	9,100,000	40.8
	볼리비아	8,274,325	4,700,000	56.8

2) 엘만 서비스는 멕시코와 과테말라, 중부 안데스 고지대에서 높은 수준의 국가조직을 건설하였던 라틴아메리카 문명을 '인도-아메리카'로 규정하고 있다. 그는 인도-아메리카 지역이 고대로부터 가장 높은 수준의 문화를 창조하였으며, 현재에도 원주민 문화의 보존성이 가장 뛰어난 것으로 보고 있다.
3) 젠 니퍼스, 라틴아메리카지역원 번역팀(2012: 71) 참조.

위 표에서도 확인할 수 있듯이 과테말라는 라틴아메리카 여타 국가 중에서도 가장 높은 원주민 인구구성 비율을 보여주고 있다. 하지만 과테말라 내부에서 원주민에 대한 대우와 그들을 바라보는 인식은 인구구성 비율처럼 높은 '경외감'을 가진 것은 아니다.

1821년 과테말라의 독립을 이끈 주도 세력은 원주민이 아니라 라틴아메리카에서 부를 획득한 끄리오요(criollo) 집단이었다. 끄리오요는 독립 이후 국가를 재편하는 과정에서 원주민을 유럽의 계몽주의 사상에 입각한 '근대화'의 대상으로 상정하는 한편, 대규모 커피 경제에 동원할 '하층 노동력'으로 규정하였다(Grandin 2000, 최진숙 2007: 176에서 재인용). 이러한 원주민에 대한 고정화된 관념은 과테말라 마야 원주민을 '야만' 상태에서 '문명' 단계로 끌어올려야 할 대상으로 인식하면서, 자국 내에 존재하는 '타자'(他者, the others)로 전락시키는 결과를 낳게 하였다. 과테말라의 국가 경영 엘리트들은 끊임없이 마야 원주민을 하층 노동력으로 사용함과 동시에 근대국민국가로 편입하기 위한 노력을 기울였으며, 계보적으로 1970~1980년대 군사독재 정권의 '선대'(先代)로 규정할 수 있는 초기 과테말라의 지배 계급은 근대국민국가 초기부터 '원주민(인디오)의 야만상태를 문명화해야 한다'는 강박 관념을 가지고 있었다(최진숙 2007: 177). 또한 이것은 과테말라 내에서 마야 원주민에 대한 뿌리 깊은 '혐오'가 존재했음을 의미하기도 한다.

결국 위와 같은 과테말라에서의 원주민에 대한 인식은 '라디노'(ladino)와 '마야 원주민'의 분리라는 독특한 사회구조를 형성하였다. 라디노란 과테말라에서 사용하고 있는 '메스티소'의 개념으로서, '문화적으로 동화된 원주민'(인디언)이라는 의미를 가지고 있다(Grandin 2000: 84). 과테말라에서는 식민시대부터 마야 원주민과 라디노를 가르는 기준이 있어왔다. 예를 들어 많은 이들은 전통의복(traje)의 착용 여부, 마야 언어의 사용 여부, 전통 무속 신앙의 유지 여부, 거주지 분포(고산지대 혹은 도시)의 여부 등에 의해 마야 원주민과 라디노를 구분하였다(최진숙 2005b: 148). 라디노들은 마야의 전통의상이 아닌 서구식 복장을 하고 있고, 마야 원주민 언어[4]를 사용하는 것이 아니라 스페인어를 구사하며, 고산지역의 시골에 거주하는 것이 아니라 도시에 거주한다. 만약 마야 원주민의 혈통을 가지고 있다 할지라도 자신의 문화정체성을 마야족에서 찾는 것이 아니라 과테말라라는 근대국민국가 속에 기반을 두고 있다면, 이 사람은 라디노로 통용될 수 있다. 많은 과테말라 엘리트들은 원주민들을 비원주민(non-indians)으로 만드는 것이 가치 있는 노력이라 믿었으며, 이것을 '라디노화'(ladinisation)라고 명명하였다.

이 방식은 인디오를 라디노로 만드는 것으로써, 스페인어 사용, 서구복장의 착용, 개인재산 소유와 같은 표면적 행위를 받아들이는 것으로부터 시작하였다. 특히 20세기에 들어와서는 24개월에서 30개월에 이르는 병역의무를 이행하는 것이 라디노가 되는 가장 좋은 길이라고 보았다. 이러한 징집을 통해 인디오들은 '새로운 정체성'(a new personality)을 얻을 것이라고, 한 장교는 말했다. 과테말라의 한 장교는 인디오의 징집은 어떤 한 상태에서 다른 상태로 변화하는 고통스러운 육체적 변화의 출발일 뿐이며, 이 과정의 최종 목적은 그들의 마을에 라디노화를 계속 진행시켜 궁극적으로 인디오 공동체의 사회문화적 지표를 변화하는 것이다. 이 과정과 관련하여 한 장군은 "이것은 대장장이가 말굽을 만드는 것이며, 우리는 반드시 '국민'을 구축해야" 한다고 표현하였다. 1983년에 과테말라 대통령이 된 오스까르 메히아 빅토레스(Oscar Mejía Victores)는 "우리는 반드시 원주민(indigenous)과 인디언(Indian) 이라는 단어를 없애야

---

4) 과테말라에서 마야 언어는 22여 개에 달하는 종류가 사용되고 있지만, 사회경제적 혜택 및 정치권력에서 제외되어 있었다(최진숙 2005a: 3).

하며, 우리의 목표는 모든 과테말라인들을 하나로 결합하는 것"이라고 말하였다(Esparza, M 2010: 82).

종합해볼 때, 과테말라에서 마야 원주민과 라디노의 관계는 '야만'과 '문명'의 관계이자 '혐오'와 '일반'의 관계이다. 또한 과테말라 사회는 마야 문화를 라디노의 그것과 반대되는 것으로 간주한다(최진숙 2005a: 4). 이러한 인식은 과테말라 국가 내의 각종 문화와 언어, 담론 등에 유포되어 있으며, 원주민 차별에 대한 인식은 내전 이전부터 국가 전체 내에 뿌리 깊게 확산되어 있었던 것이 사실이다. 이처럼 과테말라에서 과테말라는 근대국민국가 수립 이후부터 '마야 원주민'(인디오)에 대한 인종주의적 차별과 '라디노'(ladino)화 정책을 실시하였다. 이러한 마야 원주민에 대한 혐오와 인종차별주의는 과테말라 내전을 통해 전면적으로 부상하였을 것으로 보인다. 원주민에 대한 혐오가 내전 기간 중 전면적인 문제로 떠오른 것은 당시 군부의 강력한 의지였을 것이다. 결국 이러한 과테말라 지배계급의 사상은 내전 기간 중 진행된 군부의 원주민 토벌 작전계획에 고스란히 담겨 있다. 1978년부터 1983년까지 과테말라에서 권력을 잡았던 사회적 집단들은 모두 자신들을 백인(white) 혹은 유럽의 후예로 인식하고 있었으며, 강한 인종적 차별성을 가지고 있었다(Duyos 2011:7).

4) 진압작전의 전개로 본 과테말라 제노사이드

1982년 4월, 리오스 몬트 군사정권은 '국가의 안보와 발전을 위한 계획'(National Security and Development Plan, 이하 PNSD)을 수립하였다. 이 계획은 군사, 행정, 법, 사회, 경제, 정치 분야 등이 포함된 '정부의 14가지 기본 방침'(14 fundamental points of government)을 골자로 하고 있는데, 주요 내용으로는 행정부의 쇄신과 법적 제도의 개선, 불평등의 해소, 자유시장 경제의 확대, 선거제도의 개선, 이익집단들의 정치참여 확대, 국가적 화해의 증진, 각기 다른 종족(ethnic) 집단을 국가 내부로 통합한다는 것들이 포함되어 있었다. 1982년 당시, 위의 기본방침들은 과테말라를 발전된 사회로 전환하는 중요한 개혁조치였다고 할 수 있다. 하지만 군부는 이 계획을 실제 과테말라의 질적 도약으로 연결시킨 것이 아니라 쿠데타를 통해 정권을 장악한 리오스 몬트의 정치적 입지를 강화하기 위한 일종의 '정치전술'로 활용할 뿐이었다. 오히려 리오스 몬트 군사정권은 PNSD 계획을 실현하는 데 관심이 있기보다, 이를 실시하는 데 걸림돌이 될 수 있는 각종 '적'들의 제거에 더욱 큰 관심을 보였다. 실제로 1982년 당시, PNSD 계획이 전 과테말라에 실시되기 위해서는 북서부 고원지대를 '해방구'로 장악하고 있던 반군 게릴라에 대한 소탕이 필요했다. 리오스 몬트 군사정권은 PNSD 계획을 실현한다는 명분 아래 이전 정부와는 차원이 다른 더욱 폭력적인 진압작전을 개시하였다.

이번 장에서 소개할 빅토리아 82(Victoria 82)와 피르메사 83(Firmeza 83), 소피아 작전(Plan Operaciones Sofía) 계획은 바로 PNSD 계획을 수행하면서 각종 적들을 제거하기 위해 군부가 수립한 세부적인 하위 계획들이라 할 수 있다. 특히 이 계획들은 작전을 수행하는 과정에서 상당히 많은 민간인과 마야 원주민들이 학살되면서 많은 이들의 주목을 받게 되었다.

(1) 빅토리아 82[5]

빅토리아 82는 '안보'와 '발전'이라는 두 가지 명제를 기본 바탕으로 1982년 6월부터 실시된 군사작전을 말한다. 이 계획은 리오스 몬트의 지시를 받아 로페스 푸엔테스(Hétor Mario López Fuentes)와 그라마호(Hétor Alejandro Gramajo) 장군이 고안한 것으로서, 향후 수년간 대게릴라 진압에 관한 과테말라 군부의 기본 전략으로 작동하게 된다.

빅토리아 82 작전의 가장 큰 목표는 국가의 장기적 발전을 위해 당시 진행되고 있던 각종 소요사태를 무력화하는 것이었다. 이 작전의 주요 섬멸 대상으로는 현재 활동 중인 혁명조직들(Organizaciones Revolucionarias Vivas: 이하 ORV)과 대규모 혁명조직들(Organizaciones Revolucionarias de Masa: 이하 ORM), 지방 권력, 게릴라 동조자로 보이는 난민들이 포함되어 있었다. 섬멸대상에서 ORV란 주로 과테말라 북서부 고원지대에서 활동 중이던 게릴라를 의미하는 것이었고, ORM이란 과테말라 전역에서 무장 폭동을 선동하거나 이를 지지하는 가톨릭 교회와 노동조합, 결사체(association) 등을 의미하는 것이었다. 위의 섬멸대상 설정에 의거해 국가발전을 저해한다고 의심되는 수많은 종교계 인사와 노동조합원, 학생운동가들에 대한 테러가 자행되었다. 군부의 특수부대 요원들은 '해방신학'을 신봉하고 있던 가톨릭 사제들과 반정부 활동에 참여한 노조지도부들을 납치 감금하여 살해하였으며, 이들 중 많은 이들은 현재까지도 실종자로 남아 있다.

또한 빅토리아 82는 반정부 인사들의 제거를 통해 국가발전을 이루

---

5) 빅토리아 82 작전 계획의 원본은 현재 일반에 공개되지 않고 있다. 하지만 조지 워싱턴 대학의 'National Security Archive'는 빅토리아 82 작전 문서의 복사본 일부를 공개하고 있으며, 향후 전문을 공개할 예정에 있다(http://www2.gwu.edu/~nsarchiv/index.html). 이에 본 논문에서는 빅토리아 82의 복사본이나 이를 소개하고 있는 논문 등을 참고하여 글을 작성하였다.

려는 목표를 가지고 있었으나, 보다 근본적인 섬멸 대상은 무장 게릴라 세력이었다. 리오스 몬트 정권 이전에도 무장 게릴라에 대한 토벌은 계속적으로 실시되었으나, 빅토리아 82는 이전의 토벌 작전과는 조금 다른 특색을 가지고 있었다. 그것은 바로 군사 안보 작전과 심리전, 대민 지원 등을 활용하여 반군 게릴라를 민간인으로부터 분리하는 동시에 섬멸한다는 것이었다. 빅토리아 82 작전은 위의 목표를 달성하기 위해 다음과 같은 기본 전략을 설정하였다.

a) 민간인 보호
b) 지방 게릴라 동조자(Fuerzas Irregulares Locales, 이하 FIL) 100,000여 명의 전향. 하지만 이들이 계속 저항할 경우 섬멸을 목표로 함
c) 지방 비밀 조직(Comités Clandestinos Locales, 이하 CCL)과 게릴라 부대(Unidades Militares Permanentes, 이하 UMP)의 섬멸

위 기본 전략에 의거해본다면, 빅토리아 82는 게릴라 활동지역에 대한 무자비한 섬멸 작전으로만 구성된 것이 아니었음을 알 수 있다. 실제 빅토리아 82는 리오스 몬트 이전 정부에서 실행하던 대게릴라 작전과 차이점을 보이고 있는데, 그것은 바로 심리전과 대민지원의 포함이었다. 이것은 작전을 수행함에 있어서 게릴라와 민간인을 엄격히 구분하여 선별적 토벌을 하겠다는 의지의 표현이었다.[6] 리오스 몬트 정권

---

6) 실제로 리오스 몬트는 1982년 7월 첫째 주에 소집된 빅토리아 82 참가 군 지휘관들의 모임에서 대게릴라 섬멸 과정에서 무고한 주민이 희생되는 경우가 없어야 함을 강조하기도 하였다(DIA, Additional Information on Operations 'Plan 빅토리아 82', July 30, 1982.http://www2.gwu.edu/~nsarchiv/NSAEBB/NSAEBB425/docs/6-820730%20DIA%20Additional%20Information%20on%20Operations%20'Plan%20Victoria%2082'.pdf, 참조, 검색일 2013. 7. 6).

은 대게릴라 작전에서의 중요성이 영토를 점령하는 데 있는 것이 아니라 국민의 마음을 지배해야 한다고 보았다(Letona 1989: 19). 이러한 명제에 의거해 빅토리아 82는 게릴라 혹은 동조자로 활동했던 이들에 대한 사면을 거론하고 있으며, 게릴라를 섬멸한 이후에도 군부대가 일정 기간 동안 마을에 머물면서 주민들을 위한 사회경제적 지원을 한다는 내용이 포함되어 있었다.[7]

이처럼 대게릴라 군사작전에 변화가 발생한 것은 리오스 몬트 집권 이후부터 역대 과테말라 정부의 대게릴라 전략이 장기적 관점에 의거하지 않았다는 비판이 있었기 때문이다. 리오스 몬트 군사정권은 전임 대통령이었던 루카스 가르시아의 대게릴라 전술을 비판하면서, 게릴라 활동지역에 대한 무조건적인 섬멸만이 목적을 달성한 것이 아니라고 말하였다. 이들은 효과적인 대게릴라 전술이란 100% 섬멸이 아니라 30%의 섬멸과 70%의 재교육(re-educating) 및 생존(surviving)이 필요하다고 하였다(Duyos 2011: 8). 즉 빅토리아 82는 '나름대로' 대게릴라 작전에서 한 차원 다른 전술을 지향했던 것이다.

하지만 위와 같은 차별성의 암시에도 불구하고, 실제 빅토리아 82 작전의 운용은 일반적인 초토화 작전(scorched earth)과 크게 차이점을 보이지 않았다. 아래의 〈표 6〉에서 볼 수 있듯이, 리오스 몬트 집권 이래 게릴라 진압을 명분으로 한 정부군의 폭력 행위는 단기간 동안 가장 높은 수치를 보이고 있다. 사실상 빅토리아 82 작전은 그 실행에 있어서 산간 지역 마을을 게릴라의 근거지로 지목하여 철저하게 파괴하였고, 이 마을의 대부분은 마야 원주민 마을이었다. 특히 빅토리아 82의 기본 전

---

7) 리오스 몬트 집권 당시 군부는 게릴라 활동 의심 지역을 100% 초토화하는 루카스 가르시아 휘하 지휘관을 '모사꾼'(tacticians)이라고 칭한 반면에, 자신들은 '전략가'(strategists)로 차별화하였다.

략에서 지목하였던 FIL과 CCL은 대부분 산간지역에서 농사를 짓고 있던 마야 원주민들이거나 공동체의 대표들이었다. 이들은 게릴라와 민간인을 철저히 분리한다는 빅토리아 82 작전의 기본 전략에도 불구하고, 대부분 게릴라 세력으로 취급받아 잔혹한 토벌의 대상이 될 수밖에 없었다.

〈표 6〉 과테말라 내전 기간 중 발생한 폭력 행위(Gonzalo 2000: 61)

대통령	집권기간	정부군에 의한 폭력	게릴라에 의한 폭력	알 수 없음	총계
Peralta Azurdia	1963. 4 - 1966. 7	3	0	0	3
Méndez Montenagro	1966. 7 - 1970. 6	4	0	0	4
Arana Osario	1970. 7 - 1974. 6	2	1	0	3
Laugerud García	1974. 7 - 1978. 6	4	1	0	5
Lucas García	1978. 7 - 1982. 3. 23	507	20	11	538
Ríos Montt	1982. 3. 23 - 1983. 8. 7	413	21	8	442
Mejía Víctores	1983. 8. 8 - 1986. 1. 13	70	0	1	71
Cerezo Arévalo	1986. 1. 14 - 1991. 1	14	1	0	15
Serrano Elías	1991. 1 - 1993. 5	3	0	0	3
Ramiro de León	1993. 5 - 1996. 1. 6	2	0	0	2
Arzú Irigoyen	1996. 1. 7 - 2000. 1. 14	1	0	0	1
시기 불명		23	2	0	25
총계		1046	46	20	1112

당시 산간지역에 거주하던 마야 원주민들 중 많은 수가 수년간 게릴라와 빈번하게 조우한 것은 사실이었다. 하지만 대부분의 마야 원주민들은 정부군을 상대로 한 적대행위나 무장투쟁에 거의 참여하지 않았다. 그럼에도 불구하고 마야 원주민에 대한 광폭적인 토벌이 진행된 것은 무엇보다 군부 내부에 팽배해 있던 '반원주민' 담론에 기인한 것이라 볼 수 있다. 군부는 빅토리아 82 작전 문서에서 이미 마야 원주민에 대해 다음과 같이 기술하고 있다.

> 고원지대에 위치한 마야 원주민들은 반역의 기치에 동조하고 있다. 이들은 토지부족과 극심한 가난 타파를 슬로건으로 내세우며 정부군을 적으로 규정하고 있다… 초토화 대상에서 특히 신경을 써야 할 대상은 깍치켈(Kakchiquel), 께끄치(Kekchíí), 끼체(Quiché), 익실(Ixil), 맘1(Mam1), 맘2(Mam2), 뜨수뚜힐(Tzutujil), 라비날 아치(Rabinal Achi)… 등의 마야 원주민들이다.(빅토리아 82: 29-35; Duyos 2011: 11에서 재인용)

　　이와 같은 내용은 빅토리아 82 작전의 본격적 실행 이전부터 마야 원주민에 대한 지위가 어떠했는가를 명확하게 보여주고 있다. 초기부터 마야 원주민은 보호받거나 게릴라와 분리되어야 할 민간인이 아니라 '적'일 뿐이었다.

(2) 소피아 작전[8]

빅토리아 82 작전이 PNSD 계획을 실행하기 위한 거시적 측면의 소요진압 작전이었다면, 좀 더 세부적인 측면에서 마야 원주민에 대한 섬멸만을 목표로 한 것이 소피아 작전이었다. 1982년 리오스 몬트 정권하에서 구상된 소피아 작전은 익실 공동체(Ixil Community)내의 모든 살아 있는 생명체와 거주지를 파괴하는 작전으로서, 1982년 7월 16일부터 8월 19일 사이에 진행되었다. 리오스 몬트 군사정권은 과테말라 전역에 빅토리아 82 작전을 실행하는 동시에, 익실 지역이 역사적으로나 종족 특성상으로 볼 때 일종의 '레드존'에 가까워 게릴라의 '해방구'로 전락하였을 가능성이 많다고 판단하였다. 이러한 상황을 해소하기 위해서 취한 특단의 조치가 소피아 작전이었던 것이다.

익실 공동체는 과테말라 서부 고원지역의 엘 끼체(El Quiché) 주에 위치한 산타마리아 네바흐(Santa Maria Nebaj), 산후안 꼬찰(San Juan Cotzal), 산 가스파르 차훌(San Gaspar Chajul) 마을을 가리키며, 이 지역의 주민들은 모두 익실 마야 원주민의 후손들이다. 위 세 지역은 지도상에서 삼각형을 이루고 있어 '익실 트라이앵글'(Ixil Triangle)이라고도 부른다. 이 지역은 꾸추마타네스 산맥(Sierra de los Cuchumatanes) 부근에 위치하고 있어서 다른 지역으로부터 상당히 고립되어 있으며, 이러한 자연환경에 힘입어 1970

---

8) 소피아 작전과 관련한 군사문서는 조지 워싱턴 대학(George Washington University)의 'National Security Archive'의 'Operation Sofia: Documenting Genocide in Guatemala'에 수록된 작전문서 원문을 참조하였음을 밝힌다.(http://www.gwu.edu/~nsarchiv/NSAEBB/NSAEBB297/ 참조, 검색일 2011. 5. 12) 소피아 작전 문서는 총 359장으로 구성되어 있으며, 공격시작 초기명령(la orden inicio de lanzar la ofensiva)과 작전계획(el Plan de Operaciones), 각 부대 간에 교환된 메시지와 통신문, 정기적인 결과보고(전황보고)에서부터 순찰병이 야전에서 직접 작성한 보고서 등이 포함되어 있다. 이 작전기록이 중요하게 여겨지는 것은 실행에서부터 종료까지의 모든 군사 실행 기록이 보관되어 있기 때문이다.

년대부터 과테말라 무장게릴라 단체인 EGP(Ejército Guerrillero de los Pobres)
의 주요 활동 무대가 되었다. 그러므로 익실 공동체는 근대국민국가 체
제에 융합되지 않은 채 독립적 생활을 이어가고 있었으며, 외부에서 바
라볼 때 이것은 마치 게릴라의 근거지로 작용한 것처럼 보인 것이다. 과
테말라 군부는 1981년에 이미 'Operation Ixil'이라는 군사교본을 만들어
이 지역에 대한 위험성을 각 군부대에 교육을 실시한 바 있다.

소피아 작전은 모두 4단계로 실시되었다. 1단계는 1982년 7월 16일
부터 31일까지로서, 까이빌레(Kaibile)[9]와 특수부대로 구성된 군대가 작
전 지역을 고립화하는 단계였다. 이후 8월 3일부터 7일까지 실시된 2단
계 작전에서는 공격 지역에 폭격을 포함한 직접적인 군사 행동을 개시
했으며, 해당 지역에 대해서 포위망을 더욱 강고하게 구축하였다. 3단계
(8월 9일부터 19일까지)는 2개 중대가 폭격으로 인해 산간에서 피난해 계곡
에 거주하던 원주민들을 직접적으로 공격하는 기간이었다. 4단계는 공
식적인 소피아 작전이 끝난 이후의 시기로서, 1983년 1월까지 원주민
에 대한 무자비한 공격이 진행되었다. 이 단계는 1983년에 기획된 피르
메사 83과 결합되어 더욱 강화되었으며, 잔혹 행위가 최종적으로 끝난
것은 1987년이었다. REMHI(Proyecto Interdiocesano de Recuperación de la Memoria
Historica) 보고서[10]에 의하면 이 시기 익실 거주지에서 사살된 원주민은
모두 8,857명이었는데, 이 중 5, 252명은 군대에 의해 학살되었고 2,270
명은 민병대에 의해 목숨을 잃었다(ODHAG 1998).

---

9) 내전 당시 과테말라 정부군 소속으로 활동한 특수부대를 일컫는다.
10) REMHI 보고서는 유엔이 중재한 CEH와 달리 과테말라 가톨릭 교구에서 1960년부
   터 1996년까지 발생한 학살 및 인권침해 상황 등을 담아 발행한 것이다. 과테말라
   내전 당시 마야 원주민 마을에서 활동하던 많은 가톨릭 사제들이 목숨을 잃었으며,
   이에 대한 사전 진상조사와 피해 상황 파악을 과테말라 가톨릭 교구에서 독자적으
   로 수행하였다.

소피아 작전의 근본적인 목적은 빅토리아 82에서 규정한 '적으로서의 마야 원주민'을 완전 섬멸하는 데 있었으며, 특히 익실 공동체라는 제한된 지역을 목표로 삼아 특정 종족에 대한 제노사이드를 실시한 사례이다. 이러한 제노사이드의 의도는 소피아 작전 기록에서 희생자들이 사람이 아닌 단지 군사행동의 목표물로 기록되어 있다는 사실에서도 확인할 수 있다. 작전 기록 문서에서 모든 희생자들은 개인이나 사람, 성별, 혹은 (마야)원주민 등의 용어로 기록되어 있지 않고 단지 사물(item)로 기록되고 있으며, 특히 어린이의 경우는 'chocolates'로 기록되어 있다. 이처럼 어린이들을 chocolates로 기록한 이유는 그들의 구릿빛 피부색과 연관되어 있다. 하지만 위와 같은 '은유적 용어'는 원주민들이 군대가 지정한 곳으로 소개(疏開)되거나 감옥으로 들어가는 경우 사라지게 된다. 이때부터 원주민들은 '인격'을 부여받아 사람(people)으로 취급받으며 정상적인 단어로 기록되게 된다.

"2 chocolates were eliminated"
"an item in plain clothes was eliminated"

"3 orphaned children were evacuated"
"female and male children, and old people were evacuated"(Arzu 2011: 6).

　또한 소피아 작전에서는 단지 인명 살상만이 진행된 것이 아니라 마을을 파괴하거나 생존자들이 자원에 접근하지 못하도록 황폐화하는 행위가 동시에 진행되면서, 소피아 작전 이후 동일지역에서 공동체를 복원하는 것을 불가능하게 만들기도 하였다.

소피아 작전의 원본
(출처: https://www.google.co.kr/search?)

(3) 피르메사 83

과테말라 군부는 빅토리아 82와 소피아 작전을 통해 상당한 성과를 거둘 수 있었다. 과테말라 북서부 고원지대를 중심으로 진행되던 상당수의 '소요사태'를 진압하였고, 대게릴라 작전에서 일종의 원칙을 세울 수 있게 되었다. 하지만 군부는 PNSD에 의거한 과테말라의 '계속적인 발전'을 원하였기에, 빅토리아 82와 소피아 작전의 성과에 근거한 추가 계획이 필요하였다. 피르메사 83은 이와 같은 배경에 의거해 완성된 계획으로서, 'Roof, Tortillas and Jobs'라는 별칭으로도 불리어졌다.

피르메사 83 작전은 빅토리아 82의 성공에 기초한 성과물들을 과테말라 전 지역으로 확산하여 군부의 통제력을 극대화하는 것이 목표였다. 이를 위해서는 과테말라 전 지역의 정치 행정조직에 군부대가 파견되어 성과물을 교육하는 것이 필요하였다. 이에 당시 군부는 과테말라 전 지역의 인구와 중요도, 안보의 단계, 발전 정도, 게릴라에 대한 주민의 태도 등을 고려하여 특수 군부대를 파견하였으며, 이를 법제화하여 향후 어떤 민간 정부가 들어오더라도 위와 같은 체계를 바꾸지 못하도록 하였다.

각 지역에 파견된 군부대의 임무에는 파괴된 마을의 재건 및 식량원조 등의 대민지원이 포함되어 있었지만, 이보다는 군사정보적 임무가 많았다. 특히 파견부대들은 대게릴라 작전에서 발생한 이주자 및 난민을 관리하였고, 이들에 대한 재교육과 통합을 위한 교육을 실시하였다. 또한 파견부대의 임무에는 민병대(Patrullas de Autodefensa Civil, 이하 PAC)의 조직과 분쟁지역의 인구 및 물자를 통제하고, 게릴라 혹은 그들과 내통하고 있을 것으로 보이는 동조자들에 대한 심리전 수행이 포함되어 있었다. 위의 임무들은 단순히 나열해보면 다양한 범주의 영역으로 구성된 것 같지만, 실제 이 임무들이 시행된 지역을 보면 대부분 마야 원주민 마을을 중심으로 실시되었다. 결국 피르메사 83 작전은 리오스 몬트 군 사정권이 빅토리아 82 작전을 통해 확립한 대게릴라 진압 원칙을 과테말라 전역에 확대 적용하는 것이었으며, 그 대상의 대부분은 마야 원주민들이었다.

특히 이 과정에서 과테말라 군부가 실시한 특이한 전략 중의 하나가 모델 빌리지(Model Village)의 건설이었다. 본디 모델 빌리지는 대게릴라 전술의 일종으로 발생했는데, 베트남 전쟁 당시에는 '전략촌'(Strategic hamlet)[11]이라는 이름으로 활용되기도 하였다. 이것은 주로 게릴라 분쟁 지역에서 정부군이 효과적인 주민관리를 위해 기존의 마을을 모두 폐쇄하고 새롭게 마을을 건설하는 것이다. 과테말라에서는 1983년 12월 네바흐의 아꿀(Acul)에 처음으로 모델 빌리지가 건립된 것을 시작으로, 1983년과 1984년 사이에 약 24개의 모델 빌리지가 건립되면서 약 5~6만 명의 인원이 수용되었다. 모델 빌리지에 들어온 이들은 대부분 마야 원주민들로서, 정부군의 초토화 작전 당시 포로가 되거나 산간지역으로 피난을 갔던 이들이 대부분이었다(McKinnon 2010: 129-131).

모델 빌리지의 가장 중요한 기능은 게릴라 활동 지역에 살던 마야 원주민들을 군부의 감시 하에 통제한다는 데 있다. 이것은 또한 분쟁지역 내에서 게릴라들이 활동할 수 있는 마을을 없앰으로써, 반군 게릴라의 세력을 약화하는 추가적 기능을 가져온다. 하지만 과테말라의 모델

---

11) 1968년 3월 16일 베트남 전쟁 당시, 베트남 중부 꽝아이(Quang Ngai)성 선미(Son My) 마을에서 미군 23사단 11여단 20연대 1대대 소속의 찰리 중대가 게릴라를 토벌한다는 미명하에 여성과 어린이가 포함된 주민 504명을 학살하였다. 일명 '미라이(My Lai) 사건'으로 명명된 이 사건은 향후 베트남 전쟁의 종식에 큰 영향을 미치게 된다. 미라이 사건의 핵심은 미군이 운영하는 전략촌과 밀접한 연관성을 가지고 있었으며, 전략촌을 벗어난 이들에 민간인에 대해 인간으로 취급받을 수 없는 광폭한 폭력이 가해진 결과이다.

빌리지는 단지 이 기능만을 수행한 것은 아니었다. 과테말라 모델 빌리지의 가장 중요한 기능은 마야 원주민들을 국가로 통합(integrate them into the nation)하는 것이었다. 모델 빌리지의 마야 원주민들은 과테말라 국기가 계양된 곳에서 군부의 대게릴라 방침에 대한 교육을 받았고, 산간지역에서 농업을 하는 대신 국가사회 속에서 어떠한 경제생활을 영위해야하는가에 대한 강연을 들었다. 이것은 엄연히 '라디노화' 정책이라 할수 있다. 이러한 이유로 소피아 작전이 운용되었던 익실에서는 모델 빌리지를 '새로운 익실'(New Ixil)이라고 부르기도 하였다.

모델 빌리지와 더불어 피르메사 83의 가장 큰 특징으로 볼 수 있는 것은 PAC의 운용이었다. PAC의 근본 목적은 공동체를 방어할 수 있는 자체 방어집단을 형성하는 것이었으나, 1981년 말 가르시아 대통령 시기부터 마야 원주민 공동체를 게릴라와 분리하기 위한 수단으로 발전하였다. PAC의 총 규모는 피르메사 83이 본격적으로 운용되던 1983년과 1984년 사이에 급격하게 늘기 시작해 1984년 말에는 약 1,300,000명에 이르게 되었다(McKinnon 2010: 138). 이것은 피르메사 83 작전에 의거해 파견된 군부대가 마야 원주민 마을 및 모델 빌리지에 적극적으로 PAC를 조직하였기 때문이다. 일반적으로 PAC는 18세부터 50세까지의 남자를 대상으로 조직하였으나, 실제로는 8세부터 70세까지의 어린이나 노약자들도 상당수 포함되어 있었다. 이들은 군부대를 대신해 대게릴라 전술에 운용되었으며, PAC 가입에 불응하거나 게릴라 동조 세력으로 판단되면 자체적으로 고문 및 살인을 일삼았다. 현재까지 상당수 마야 원주민들이 과테말라 내전 당시 발생한 제노사이드에 대해 원주민들 사이에서 발생한 폭력의 결과로 믿고 있는 것은 바로 PAC의 폭력이 극심했기 때문이다.[12] 반면에 과테말라 군부는 PAC를 조직함으로써 마야 공동체 내부에 자체적인 반 게릴라 부대를 운용할 수 있었고, 이들을 통해 자연스럽게 근대국민국가의 이데올로기를 투입할 수 있는 계기가 되었다.

결국 과테말라 군부는 초토화 작전을 통해 원주민을 적으로 규정하는 계획을 세웠으나, 또한 이들을 교화하여 '라디노'로 만들기 위한 의도도 동시에 가졌던 것으로 보인다. 이러한 과테말라 제노사이드에서의 이중적 모습은 피르메사 83에서 상당히 구체적으로 나타나고 있으며, 모델 빌리지와 민병대의 운용은 이러한 특징을 잘 나타낸 사례들이다.

5) 소결과 향후 과제

제노사이드와 인종주의에 대한 논의는 과테말라를 포함한 라틴아메리카 전역에서 논쟁이 되고 있다. 특히 과테말라와 같이 에스닉 마이너리티와 소수 지배계급이 존재하는 곳에서는 인종주의가 중요한 사회구조로 기능할 수 있다. 이것은 또한 근대국민국가의 기능과도 연결되는데, 푸코(Foucault, Michel J, 1992)는 인종주의가 근대국민국가 권력의 새로운 매커니즘으로 등장하였다고 말한다. 그는 인종주의가 '주권'이라는 이름으로 다른 부류의 사람을 죽이거나 절멸하는 권력을 가지며, 가장 추악한 국가들이 가장 인종주의적 행태를 지닌다고 비판하였다.

근대국민국가의 기능 속에서 마야 원주민의 차별을 분석하기 위해서는 1982년 이후 과테말라에서 진행되었던 일련의 군사 작전들을 고찰

---

12) 곤사로(Gonzalo 2010: 62)에 의하면, 과테말라 내전 당시 학살의 가해 주체로 과테말라 정부군이 88.4%의 책임을 지고 있고 PAC가 23.38%를 담당하였다. 이러한 PAC의 학살 가해 비율은 과테말라 정부군에 이어 두 번째로 높은 수치이다.

하는 것이 중요한 의미를 가진다. 이러한 과테말라의 군사작전들을 분석해본 결과 상당수 마야 원주민을 '잠재적 적'으로 규정한 후 특정 인종에 대한 선별적 학살을 중심으로 한 제노사이드가 발생하였음을 알 수 있었다. 그러나 과테말라에서 발생한 제노사이드는 타 지역에서 발생한 그것과 비교할 때 약간의 부수적 특징을 가지고 있다. 그 특징 중의 하나는 바로 과테말라의 마야 원주민 제노사이드가 홀로코스트와 같이 특정 인종 범주를 완전히 '청소'하는 데 목표를 둔 것이 아니라, 근대국민국가 수립 과정에서 끊임없이 제기되었던 '원주민(인디오)의 국민으로의 전환' 임무를 충실히 하기 위한 매개체 역할을 했다는 것이다. 즉 내전 시기 발생한 마야 원주민 제노사이드는 과테말라 사회에서 '라디노화'라는 보다 큰 목표를 수행하기 위한 하나의 전술적 행태였음을 알 수 있는 것이다. 이것은 곧 현대적 의미에서의 제노사이드가 '인종청소'라는 본질적 의미를 가지고 있지만, 그 내부적 상황을 충분히 고려한다면 결국 근대국민국가의 '통합적 발전'이라는 목표와 결코 떼놓고 보기 힘들다는 결론을 얻을 수 있다.

내전이 종식된 이후 과테말라의 사회 각계각층에서는 군부독재 정권 당시 자행되었던 마야 원주민에 대한 제노사이드가 범죄라는 데 공감을 할 수 있었다. 이에 1996년 평화협정 체결 이후 과테말라에서는 원주민의 인권의 수용하고 국가의 다언어, 다문화, 다인종적 특성을 수용하기 위한 여러 조치들이 시도되었다. 하지만 이러한 개혁 사항을 담고 추진되었던 1999년 개헌안은 과테말라 의회에서 부결되었고, 표면적으로는 마야 원주민에 대한 인권을 말하고 있지만 실제적으로 다문화를 수용할 수 있는 분위기가 조성되고 있지 않은 현실이다. 전 세계인들은 마야 원주민 출신으로서 1992년 노벨 평화상을 수상한 리고베르타 멘추(Rigoberta Menchú Tum)를 상기하며 마야 원주민 문제를 떠올리지만, 현재까지 과테말라 사회에서 이를 수용하고 원주민 문제에 대한 저변을 확대하기 위해서는 여러 장애물이 존재하는 것이 사실이다. 이러한 사정에도 불구하고 과테말라 내부의 다양한 시민사회 단체들은 내전 당시 발생한 제노사이드의 재발을 막기 위해 한 국가 속에 다양한 문화가 공존할 수 있어야 함을 계속적으로 주장하고 있다. 향후 이와 같은 과테말라 시민사회 영역의 활동을 제노사이드 방지라는 측면에서 좀 더 깊게 고찰한다면, 과테말라 마야 원주민에 대한 제노사이드 논쟁이 어떠한 방향으로 실마리를 풀 수 있을지 예측할 수 있을 것이라 본다.

과테말라 바하베라빠스 라비날 지방박물관에 전시된 피학살 마야 원주민의 사진들

| 참고문헌 |

자료

Plan de Campaña "Firmeza83"(http://www.plazapublica.com.gt/sites/default/files/
plan_de_campana_firmeza_83_parte_1.pdf, 검색일: 2012. 5. 12)

Plan Operaciones Sofía(http://www2.gwu.edu/~nsarchiv/NSAEBB/NSAEBB297/
Operation_Sofia_hi.pdf, 검색일: 2012. 5. 12)

논문 및 서적

젠 니퍼스 블랙, 라틴아메리카지역원 번역팀. 2012. 『라틴아메리카 문제와 전망』.
부산외대 중남미지역원. 서울: 이담.

최진숙 2005a. 「과테말라 마야 정체성의 이데올로기적 형성: 코드 전환에 의한 언
어적 편견의 재생산」. 『한국문화인류학』38-2. pp. 3-28. 한국문화인류학회.

_____ 2005b. 「인종화와 종족화 사이의 이중 구속-과테말라 마야 인디언의 정체
성에 대한 고찰-」. 『비교문화연구』11-2. pp. 143-172. 서울대학교 비교문화연
구소.

_____ 2007. 「과테말라에서의 "인종"(race) 개념에 대한 역사적 고찰」, 『라틴아메
리카 연구』20-3. 한국라틴아메리카학회.

Arzu, M. C. 2011. "Racism and Genocide -The Guatemalan Genocide in the light
of Operation Sofía: An Interpretation and a Reflection".(http://www.ccoo.es/
comunes/recursos/1/doc83735_Operation_Sofia_(Taking_the_fishs_water_away).
pdf, 검색일 2012. 5. 12)

Booth, John A., 2010. Wade, Christine J., Walker, Thomas W. *Understanding Central
America*. Philadelphia: Westview Press.

Chalk, Frank & Jonassohn, Kurt. 1990. *The History and Sociology of Genocide:
Analyses and Case Studies*. Yale University Press.

Duyos, Sofía. 2011. "Ríos Montt's Tyranny: Government's Three Branches in the Service of Genocide." http://www.ccoo.es/comunes/recursos/1/doc83735_Operation_Sofia_.(Taking_the_fishs_water_away)pdf,검색일: 2012. 5. 22)

Esparza, Marcia(ed). 2010. *State Vilonce and Genocide in Latin America : The Cold War Years.* New York: Routledge.

Foucault, Michel J. 1992. "The State Must be Defended" in Bernard Bruneteau. 2006. *The Century of Genocide, Violence, Massacres and Genocidal Processes from Armenia to Rwanda.*

Gonzalo, S. M., 2000. *Masacres en Guatemala -Los Gritos de un Pueblo Entero-.* Guatemala City: GAM.

Grandin, Greg. 2000. *The Blood of Guatemala -A History of Race and Nation-.* Durham: Duke University Press.

_____ 2004. *The Last Colonial Massacre.* Chicago: The University of Chicago Press.

Kuper, Leo. 1981. *Genocide: Its Political Use in the Twentieth Century.* New York: Penguin Books.

Lamkin, Rafael. 1944. *Axis Rule in Occupied Europe.* Washington, DC: carnegie Endowment for International Peace.

Levene, Mark. 2005. *Genocide in the Age of the Nation-State, Volume I : The Meaning of Genocide.* New York: I.B.Tauris.

Letona, LTC Roberto. 2010. "Guatamalan Counterinsurgency Strategy." U.S. Army War College. 1989.(http://www.dtic.mil/dtic/tr/fulltext/u2/a209506.pdf, 검색일 2013. 7. 4)

McKinnon, Devon. 2012. "Nation-Building in the Guatemalan Countryside." History M. A. Thesis. Trent University.

Oficina de Derechos Humanos del Arzobispado de Guatemala(ODHAG). 1998. *Nunca más III : El Entorno Histórico.* Guatemala City.   ·

Rothenberg, Daniel. 2012. *Memory of Silence: the Guatemalan Truth Commission*

Report. New York: Palgrave Macmillan.

Sanford, Victoria. 2003. *Buried Secrets: Truth and Human Rights in Guatemala*. New York: Palgrave Macmillan.

과거청산을 통한 새로운 희망의 회복
과테말라 AHPN 벽에 그려진 벽화로서,
과거청산을 통해 새로운 민주주의 회복의 염원을 담고 있다.

| 맺음말 |

  본문에서 언급한 바와 같이, 세계 어느 국가를 보더라도 과거청산이 완전하게 이루어진 경우는 찾아보기 힘든 것이 사실이다. 한국의 경우에도 일본과의 과거청산 문제를 현재까지도 말하고 있으나, 정작 우리 현대사의 질곡은 완전히 정리하지 못하고 있다. 엘살바도르와 과테말라 역시 과거청산은 종결된 것이 아니라 끊임없이 현실 정치문화와 연계되어 오늘에 이르고 있다.

  이처럼 많은 국가에서 현재의 영역에 과거의 모습이 겹쳐져 투영되고 있는 것은 두 시제의 인과관계가 상당히 변증법적인 측면을 가지고 있기 때문이다. 즉 한 번 잘못 꿰어진 단추는 나머지 남아 있는 모든 단추를 잘못된 지점에 갖다 놓아 제대로 된 옷 입기를 불가능하게 만든다. 마찬가지로 역사란 것도 틀어져버린 과거는 현재의 모순을 더욱 심화할 수밖에 없다. 잘못된 과거를 놔둔 채 현재의 발전을 논한다는 것은 맵시가 나지 않는 옷을 입거나, 불편함을 감수하면서 틀어진 복장에 몸을 맞추는 것이다. 이렇게 보았을 때 과거청산은 개혁과 민주주의 발전을 이루기 위한 가장 강력한 '현실정치'일 수밖에 없다.

  본문에서 살펴본 엘살바도르와 과테말라의 사례들은 두 국가에서 과거청산이라는 문제가 현재의 민주주의와 어떤 형식으로 결부되어 있는가를 어느 정도 밝혀주고 있다. 특히 라틴아메리카와 같이 강대국의 이권개입 및 독재정권이 성행하였던 지역에서는 현실 정치의 많은 부분이 과거의 문제와 결부될 수밖에 없을 것이다. 하지만 우리가 정작 살펴보아야 할 것은 과거문제와 결부된 현재 정치의 단면적 모습이 아닐 것이다. 보다 궁극적인 연구의 목적은 과거청산과 결부된 현재 정치의 양상이 빚어내는 독특한 사회문화적 특수성이 과연 무엇일까에 대한 좀 더 추상적인 결과들이어야 한다.

엘살바도르와 과테말라의 두 가지 사례는 라틴아메리카의 과거청산 사례 중에서도 상당한 특수성을 가지고 있다. 이 두 국가의 과거청산 사례는 그 원인에서 타 라틴아메리카 국가보다 더욱 강력한 '냉전'과의 연관성을 보여주고 있다. 즉 과거청산의 대상이 된 많은 사건들이 냉전 당시 중미 지역이 처해 있던 특수한 배경으로부터 기인한 것이다. 양 국가들은 모두 냉전 당시 동서 진영의 '대리전장'으로 활용되었고, 이 과정에서 자국의 의지와는 상관없이 수많은 질곡의 역사가 만들어진 것이다. 또한 두 국가의 과거청산 사례는 모두 진실위원회를 가동하였지만 냉전이 종식된 이후 제3자의 개입(유엔 등)에 의해 프로세스가 진행되었다는 특징을 가지고 있다. 이것은 곧 양국의 과거청산이 냉전이 종식된 이후 내전을 끝내기 위한 일종의 전략으로서 기획되었고, 그러므로 정부의 강력한 의지가 관철되지 않아 '깔끔한' 청산이 실시되지 못했다는 것을 알 수 있다. 이에 양국의 경우에는 현재 해당 국가의 정부가 아닌 시민사회의 적극적 참여가 과거청산을 이끌고 있다는 특징을 가지고 있다. 하지만 우리는 그동안 정치경제에서 상당히 '후진국'으로 인식되던 중미 국가에서 상당히 수준 높은 시민사회 세력이 존재하고 있고, 이들에 의해 과거청산이 계속 진행되면서 민주주의 회복을 위한 노력이 끊기지 않고 있다는 것을 볼 수 있었다.

이 책에서 제시하였던 과테말라와 엘살바도르의 사례들은 단편적 모습들에 그치고 있는 것이 사실이다. 과거청산을 통해 라틴아메리카의 사회문화적 특수성을 바라보려고 한다면, 그 단면적 모습들을 병렬적으로 나열하는 것이 아니라 핵심적 공통분모를 찾아 이에 대한 모델을 제시할 수 있어야 한다. 이러한 결론을 위해서 이 책은 약간의 기여를 할 수 있겠지만, 완성을 위해서는 아직까지 머나먼 여정을 남겨둔 것이 사실이다. 이러한 향후 과제의 계속된 연구는 중미 지역뿐만 아니라 라틴아메리카를 과거청산이라는 도구를 통해 바라볼 수 있게 하는 중요한 계기가 될 것이다.

| 과테말라와 엘살바도르, 현재 과거청산의 모습들 |

2005년, 과테말라시티에 위치한 구 경찰서 건물 창고에서 1882년부터 1997년까지의 각종 경찰 문서들이 방치되어 있는 것이 발견되었다. 특히 1960년부터 1996년까지 발생하였던 과테말라 내전 당시 학살 피해자 및 실종자, 고문 피해자들의 신원을 확인하는 데 중요한 역할을 할 수 있는 문서들이 다수 발견되었다. 이에 과테말라에서는 이 문서들을 정리하기 위해 AHPN이라는 기구를 만들었으며, 이들은 창고에 방치되어 있던 모든 문서를 디지털 아카이브 형식으로 전환하고 있다. 현재 과테말라 정부는 AHPN에 단 한 푼의 돈도 지원하고 있지 않지만, 이 기구의 구성원들은 유럽 연합이나 미국 등으로부터 재정지원을 받아 과테말라 경찰 문서 모두를 디지털로 아카이브화하여 많은 사람들이 이를 열람할 수 있게 하고 있다. (주소 참조 : http://www.archivohistoricopn.org/) 이러한 노력들은 오랜 세월 동안 미궁에 빠져 있던 실종자 및 학살 사건에 새로운 활력을 불러일으키고 있다. 사진은 과테말라 AHPN에서 연구원들이 경찰 문서를 아카이브화하고 있는 장면이다.

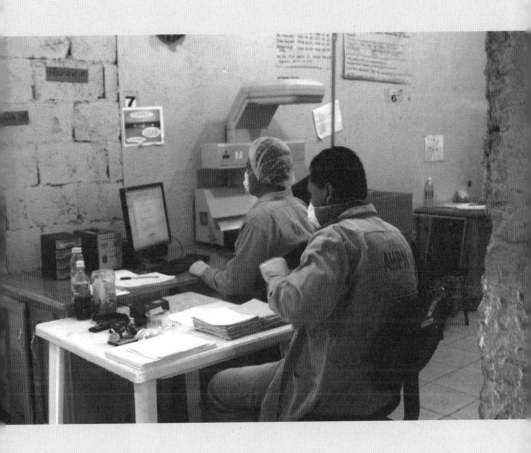

창고에 쌓여 있는 과테말라 경찰문서들
AHPN은 이러한 문서 전체를 아카이브화하는 데 주력하고 있다. 이 문서 중 상당수는 학살사건의
진실을 밝히는 데 중요한 역할을 하고 있다.

AHPN의 문서들

과테말라시티 소나 1에 위치한 중앙성당의 기둥 모습
이 기둥에는 36년간 내전 당시 학살되었던 마야 원주민과 피해자들의 이름이 새겨져 있다.
중앙성당의 기둥에 피학살자들의 이름을 새긴 것은 과테말라에 있어서 과거청산이라는 것이 어떤
의미를 가지는가에 대해 알려주는 중요한 잣대가 될 수 있다.

과테말라 FAFG 연구원이 유해 발굴 및 검사 과정에 대해 설명하고 있다.

플란데 산체스 학살이 벌어졌던 현장에서 당시 상황을 설명하고 있는 유족회장
벤하민(Benjamín Manuel Jerónimo) 유족회장은 플란데 산체스 학살 당시 부인과 여동생을 잃었다.
마을의 모든 여성들은 뒤로 보이는 언덕에서 강간당한 후 살해되었다. 1990년대 초 유해 발굴이
이루어지기 전까지 학살당한 이들의 시신은 그대로 언덕에 매장되어 있었으며, 유해 발굴 이후
정식적으로 안장이 되었다.

플란데 산체스 학살 당시 사망한 이들을 기리기 위해 마을 내부에 설립한 기념관
현재 별다른 기능을 하지 못하고 있지만, 오지에 위치한 마야 원주민 마을에 민간인 학살을
기념하는 시설이 있다는 것은 상당히 고무적인 일이었다.

과테말라 피학살자 유족들의 트라우마를 치유하기 위해 설립된 ECAP
이 단체에는 수십 명의 심리학자 및 전문가들이 유족들의 트라우마를
치유하기 위해 노력하고 있다. 과테말라시티 소나 2에 위치한 사무실에서
연구원과 함께 찍은 사진

루피나 아마야의 묘소

새롭게 단장한 엘모소떼 성당의 모습

엘살바도르 뻬르낀에 위치한 혁명박물관에는 라디오 벤세레모스의 스튜디오를
가상으로 꾸며놓은 곳이 있다.

라틴아메리카의 과거청산과 민주주의
과테말라와 엘살바도르의 경험을 통해 본 과거청산과 민주주의

초판 1쇄 발행 2014년 5월 30일

지은이 노용석
펴낸이 강수걸
편집주간 전성욱
편집장 권경옥
편집 손수경 양아름 윤은미
펴낸곳 산지니
등록 2005년 2월 7일 제14-49호
주소 부산광역시 연제구 법원남로15번길 26 위너스빌딩 203호
전화 051-504-7070 | 팩스 051-507-7543
홈페이지 www.sanzinibook.com
전자우편 sanzini@sanzinibook.com
블로그 http://sanzinibook.tistory.com

ISBN 978-89-6545-252-2 93300

*책값은 뒤표지에 있습니다.
*이 저서는 2008년 정부(교육과학기술부)의 재원으로 한국연구재단의
지원을 받아 수행된 연구입니다.(NRF-2008-362-A00003)
*이 도서의 국립중앙도서관 출판시도서목록(CIP)은 e-CIP 홈페이지
(http://www.nl.go.kr/ecip)에서 이용하실 수 있습니다.
(CIP 제어번호: CIP 2014015134)